60일 만에 입이 트이는
기적의 영어 섀도잉

라이언 강 지음

바이링구얼

영어를 마스터하는 궁극의 영어 학습법

아무리 해도 제자리걸음인 영어 때문에 답답하셨나요? 귀만 솔깃하게 만드는 영어 비법들에 더 이상 속기 싫으시죠? 이제 여러분의 고민을 해결해 드리려고 합니다. 해답은 이미 오래전부터 가까이에 있었습니다. 단지 그것을 체계적으로 정리해서 알려 주지 않았을 뿐이죠. 세상에 노력 없이 쉽게 이루어지는 것은 아무것도 없습니다. 대신 가장 정확하고 바른 길을 안내하겠습니다.

'섀도잉'이라는 학습법을 들어 보셨나요? 전 세계 예비 통역사들이 통번역대학원에서 훈련하는 방법입니다. 이 말은 곧 전 세계에서 검증된 가장 확실한 외국어 학습법이라는 것을 의미합니다. '섀도잉'을 들어 봤다고 하더라도 구체적으로 어떤 방법으로 어떤 단계로 학습해야 하는지 아는 사람은 별로 없을 것 같습니다.

섀도잉(shadowing)에서 섀도우(shadow)는 명사로 '그림자'를 뜻하지만 동사로는 '그림자처럼 따라다니다'란 뜻입니다. 그래서 '섀도잉 훈련법'은 자신이 배우려는 언어의 음성을 들으면서 그림자처럼 동시에 그 말을 따라서 말하는 것을 말합니다. 훈련을 할 때 그 말을 이해하는지 안 하는지는 중요하지 않습니다. 아기들은 태어나면 주변에서 계속해서 들리는 말을 반복해서 듣게 되고, 자연스럽게 그 말을 따라 하게 됩니다. 이것은 사람이 태어나서 모국어를 습득하는 방식입니다. '섀도잉'은 바로 이 모국어 습득 방식에 근거한 학습법입니다.

자, 그럼 이제 모국어 습득 방식에 대해 단계별로 알려 드리겠습니다. 이 책에서는 학습 효과를 극대화하기 위해 Listening, Reading, Shadowing, Recording 이렇게 4단계에 거쳐 학습하도록 구성하였습니다. 한번 속는 셈 치고 이 책의 지시에 따라 열심히 공부해 보세요. 60일 후면 분명히 말하기, 듣기, 발음, 억양 모든 면에서 한 단계 더 올라선 자신의 영어 실력에 놀라게 될 것입니다.

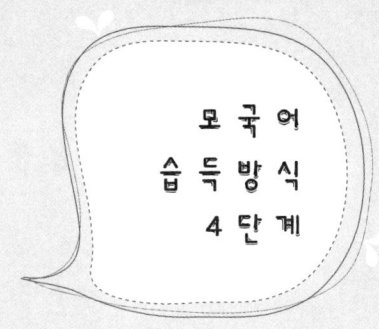

Listening 리스닝

사람은 태어나서 글보다 말에 먼저 노출되며 이것은 언어를 습득할 때 가장 우선 되어야 하는 부분입니다. 지문 없이 집중해서 원어민의 말을 반복해서 많이 들을 수록 리스닝 실력이 향상되고 자신도 모르는 사이 귀가 트입니다.

Reading 리딩

리스닝을 통해 어느 정도 말에 익숙해지면 리딩으로 어휘력을 늘리고 정확한 철자를 파악합니다. 모르는 어휘는 네이티브가 하는 것처럼 영어로 된 정의를 참고하여 영어식 사고방식을 몸에 익히도록 합니다.

Shadowing 섀도잉

아기들은 주변에서 들리는 말을 반복해서 듣고 그것을 따라 하면서 입을 열게 됩니다. 네이티브의 말을 똑같이 흉내 내는 연습을 많이 할수록 발음과 억양이 좋아지고, 자신의 발음이 좋아지면 자연스럽게 그들의 말도 더 잘 들리게 됩니다.

Recording 리코딩

자신이 영어를 제대로 말하고 있는지, 문제점은 무엇인지 파악하는 데 있어 리코딩은 최고의 방법입니다. 단순히 읽고 끝내는 것보다 리코딩을 하게 되면 자신의 스피킹에 훨씬 더 신경 써서 말하게 되고, 이런 리코딩을 계속하다 보면 매번 더 발전하는 자신의 모습을 확인할 수 있습니다.

4단계 훈련 학습 효과

❶ 영어 발음이 좋아지고 네이티브의 말이 들리기 시작합니다.
❷ 현지 표현과 억양으로 네이티브스러운 영어를 구사하게 됩니다.
❸ 무한 반복학습으로 생각보다 말이 먼저 튀어나옵니다.

책의 구성과 활용법

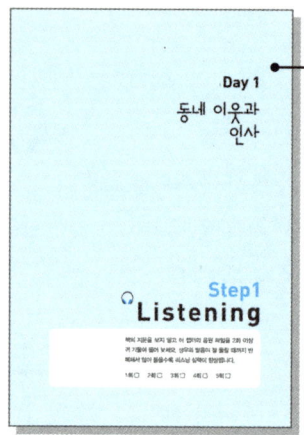

Step 1 Listening

책의 지문을 보지 말고 이 챕터의 음원 파일을 2회 이상 귀 기울여 들어 보세요. 성우의 발음이 잘 들릴 때까지 반복해서 많이 들을수록 리스닝 실력이 향상됩니다. 몇 번 들었는지 체크해 보세요.

Step2 Reading

본문을 읽고 모르는 단어와 표현은 우측 페이지의 영어로 된 정의를 참고하세요.

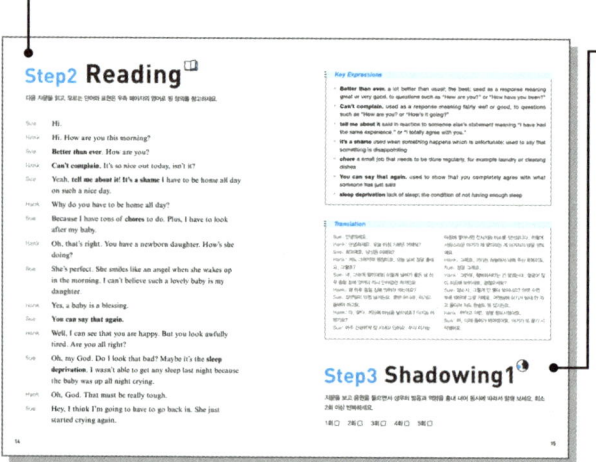

Step 3 Shadowing1

지문을 보고 음원을 들으면서 성우의 발음과 억양을 흉내 내어 동시에 따라서 말해 보세요. 최소 2회 이상 반복하고, 몇 회 훈련했는지 체크해 보세요.

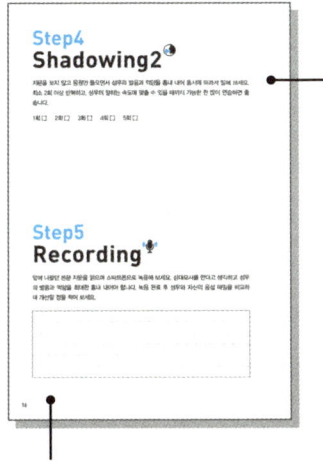

Step4 Shadowing2

지문을 보지 않고 음원만 들으면서 성우의 발음과 억양을 흉내 내어 동시에 따라서 말해보세요. 최소 2회 이상 반복하고, 성우의 말하는 속도에 맞출 수 있을 때까지 가능한 한 많이 연습하면 좋습니다. 몇 회 훈련했는지 체크해 보세요.

Step5 Recording

앞에 나왔던 본문 지문을 읽으며 스마트폰으로 녹음해 보세요. 성대모사를 한다고 생각하고 성우의 발음과 억양을 최대한 흉내 내어야 합니다. 녹음 완료 후 성우와 자신의 음성 파일을 비교하며 개선할 점을 적어 보세요. 주위의 영어 선생님께 녹음 파일을 들려 주고 조언을 구하면 더 좋습니다. 나중에 비교해 볼 수 있도록 파일들은 모두 보관해 두세요.

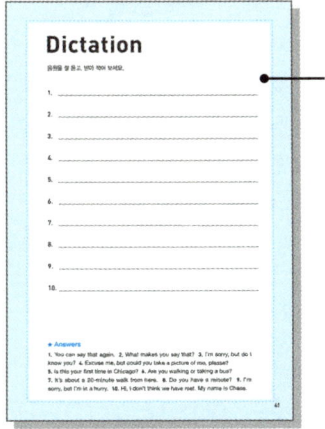

Dictation

각 파트가 끝날 때마다 해당 파트에 나왔던 주요 문장들을 듣고 받아쓰는 연습문제가 나옵니다. 딕테이션은 번거롭지만 리스닝 실력 향상에 많은 도움이 됩니다.

contents

PART 1
인사, 만남

Day 1	동네 이웃과 인사	11
Day 2	예상치 못한 만남	15
Day 3	오랜만에 만난 동창생	19
Day 4	여행지에서의 만남	23
Day 5	외국인이 길을 물어볼 때	27
Day 6	외국인 선교사가 말을 걸 때	31
Day 7	외국인과 어울리는 모임에서	35
Dictation		39

PART 2
연애, 남녀 관계

Day 8	데이트 신청하기	41
Day 9	호감 가는 남자와 대화하기	45
Day 10	착각하는 남자, 팅기는 여자	49
Day 11	바에서 작업 걸기	53
Day 12	작업남 거절하기	57
Day 13	헬스클럽에서 자연스럽게 말 걸기	61
Day 14	살 빼려는 여자, 말리는 남자	65
Day 15	맨날 늦는 남자친구	69
Day 16	마마보이 같은 남자친구	73
Day 17	집착이 강한 여자친구	77
Day 18	걸핏하면 회사를 관두는 남자친구	81
Day 19	고시에 합격하고 배신하는 남자	85
Day 20	바람둥이 여자친구	89
Dictation		93

PART 3
친구

Day 21	지인의 친구와 인사하기	95
Day 22	심심해서 친구에게 전화하기	99
Day 23	잠수 타던 친구와 대화	103
Day 24	한국을 방문하는 친구	107
Day 25	어떤 타입이 좋아?	111
Day 26	여자친구가 생긴 친구	115
Day 27	남자친구가 생긴 친구	119
Day 28	친구에게 돈 빌리기	123
Dictation		127

PART 4
흥미, 취미

Day 29	어떤 음악 좋아해?	129
Day 30	영화 보러 갈래?	133
Day 31	TV 즐겨 보니?	137
Day 32	산이 좋아, 바다가 좋아?	141
Day 33	요즘에 운동 하니?	145
Day 34	어떤 집에 살고 싶어?	149
Day 35	요리하는 남자, 사 먹는 여자	153
Day 36	SUV와 세단	157
Day 37	책 읽는 거 좋아하니?	161
Day 38	스마트폰 어플 추천	165
Day 39	팟캐스트 방송	169
Day 40	소셜 네트워크	173
Day 41	운전 좀 살살 해	177
	Dictation	181

PART 5
학교, 회사

Day 42	시험 벼락치기	183
Day 43	시험 친 후에	185
Day 44	방학 후 몰라보는 남녀	191
Day 45	동료를 칭찬하며 친해지기	195
Day 46	퇴근 후 한잔 어때?	199
Day 47	집들이에 초대하기	203
Day 48	월드컵 우승팀 내기하기	207
Day 49	아르바이트 자리 문의하기	211
	Dictation	215

PART 6
쇼핑, 맛집

Day 50	노트북 추천 받기	217
Day 51	쇼핑중독 여자친구	221
Day 52	쇼핑 따라다니는 데 지친 남자친구	225
Day 53	청바지 살까, 말까?	229
Day 54	옷 사이즈 교환	233
Day 55	전자제품 매장에서	237
Day 56	물건 값 흥정하기	241
Day 57	여행 기념품 구매하기	245
Day 58	맛집 추천 받기	249
Day 59	점심 뭐 먹을까?	253
Day 60	펍에서 주문하기	257
	Dictation	261

PART
1
인사, 만남

Day 1

동네 이웃과 인사

Step 1
Listening

책의 지문을 보지 말고 이 챕터의 음원 파일을 2회 이상 귀 기울여 들어 보세요. 성우의 발음이 잘 들릴 때까지 반복해서 많이 들을수록 리스닝 실력이 향상됩니다.

1회☐ 2회☐ 3회☐ 4회☐ 5회☐

Step2 Reading

다음 지문을 읽고, 모르는 단어와 표현은 우측 페이지의 영어로 된 정의를 참고하세요.

Sue   Hi.

Hank   Hi. How are you this morning?

Sue   **Better than ever**. How are you?

Hank   **Can't complain.** It's so nice out today, isn't it?

Sue   Yeah, **tell me about it! It's a shame** I have to be home all day on such a nice day.

Hank   Why do you have to be home all day?

Sue   Because I have tons of **chores** to do. Plus, I have to look after my baby.

Hank   Oh, that's right. You have a newborn daughter. How's she doing?

Sue   She's perfect. She smiles like an angel when she wakes up in the morning. I can't believe such a lovely baby is my daughter.

Hank   Yes, a baby is a blessing.

Sue   **You can say that again.**

Hank   Well, I can see that you are happy. But you look awfully tired. Are you all right?

Sue   Oh, my God. Do I look that bad? Maybe it's the **sleep deprivation**. I wasn't able to get any sleep last night because the baby was up all night crying.

Hank   Oh, God. That must be really tough.

Sue   Hey, I think I'm going to have to go back in. She just started crying again.

Key Expressions

- **Better than ever.** a lot better than usual; the best; used as a response meaning great or very good, to questions such as "How are you?" or "How have you been?"
- **Can't complain.** used as a response meaning fairly well or good, to questions such as "How are you? or "How's it going?"
- **tell me about it** said in reaction to someone else's statement meaning "I have had the same experience." or "I totally agree with you."
- **it's a shame** used when something happens which is unfortunate; used to say that something is disappointing
- **chore** a small job that needs to be done regularly, for example laundry or cleaning dishes
- **You can say that again.** used to show that you completely agree with what someone has just said
- **sleep deprivation** lack of sleep; the condition of not having enough sleep

Translation

Sue: 안녕하세요.
Hank: 안녕하세요. 오늘 아침 기분은 어때요?
Sue: 최고예요. 당신은 어때요?
Hank: 저도 그럭저럭 괜찮아요. 오늘 날씨 정말 좋네요, 그렇죠?
Sue: 네, 그러게 말이에요! 이렇게 날씨가 좋은 날 하루 종일 집에 있어야 하니 안타깝긴 하지만요.
Hank: 왜 하루 종일 집에 있어야 하는데요?
Sue: 집안일이 엄청 많거든요. 뿐만 아니라, 아기도 돌봐야 하고요.
Hank: 아, 맞다. 최근에 따님을 낳으셨죠? 아기는 어떤가요?
Sue: 아주 건강하게 잘 지내고 있어요. 우리 아기는 아침에 일어나면 천사처럼 미소를 짓는답니다. 이렇게 사랑스러운 아기가 제 딸이라는 게 믿겨지지 않을 정도예요.
Hank: 그래요, 아기는 하늘에서 내려 주신 축복이죠.
Sue: 정말 그래요.
Hank: 그런데, 행복하시다는 건 알겠는데, 얼굴이 많이 피곤해 보이세요. 괜찮으세요?
Sue: 맙소사. 그렇게 안 좋아 보이나요? 아마 수면 부족 때문에 그럴 거예요. 어젯밤에 아기가 밤새 안 자고 울어서 저도 한숨도 못 잤거든요.
Hank: 아이고 이런. 정말 힘드시겠어요.
Sue: 아, 이제 들어가 봐야겠어요. 아기가 또 울기 시작했어요.

Step3 Shadowing1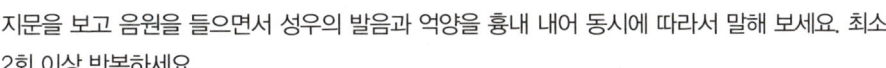

지문을 보고 음원을 들으면서 성우의 발음과 억양을 흉내 내어 동시에 따라서 말해 보세요. 최소 2회 이상 반복하세요.

1회☐   2회☐   3회☐   4회☐   5회☐

Step4
Shadowing2

지문을 보지 않고 음원만 들으면서 성우의 발음과 억양을 흉내 내어 동시에 따라서 말해 보세요. 최소 2회 이상 반복하고, 성우의 말하는 속도에 맞출 수 있을 때까지 가능한 한 많이 연습하면 좋습니다.

1회☐　2회☐　3회☐　4회☐　5회☐

Step5
Recording

앞에 나왔던 본문 지문을 읽으며 스마트폰으로 녹음해 보세요. 성대모사를 한다고 생각하고 성우의 발음과 억양을 최대한 흉내 내어야 합니다. 녹음 완료 후 성우와 자신의 음성 파일을 비교하며 개선할 점을 적어 보세요.

Day 2

예상치 못한 만남

Step 1
Listening

책의 지문을 보지 말고 이 챕터의 음원 파일을 2회 이상 귀 기울여 들어 보세요. 성우의 발음이 잘 들릴 때까지 반복해서 많이 들을수록 리스닝 실력이 향상됩니다.

1회☐ 2회☐ 3회☐ 4회☐ 5회☐

Step2 Reading

다음 지문을 읽고, 모르는 단어와 표현은 우측 페이지의 영어로 된 정의를 참고하세요.

Ryan　　Is that you, April?

April　　Ryan? **What a pleasant surprise!** Who would've guessed I would see you at a club. Aren't you supposed to be at the library studying?

Ryan　　**What makes you say that?**

April　　Ryan, everybody knows that you are a nerd. All you do is study.

Ryan　　Well, I try to study hard on weekdays, but not on weekends, **not to mention** Friday nights. I mean, I don't want to **miss out on** all the fun that's happening.

April　　Wow, you don't sound like a nerd at all. You are actually pretty cool, Ryan. By the way, are you with someone?

Ryan　　No, I usually go clubbing alone because I like dancing.

April　　You can't dance when you're with your friends?

Ryan　　Well, none of my friends come here to dance. They are just here to **hook up with** girls.

April　　Oh, I see. So what you're saying is you are different?

Ryan　　Well, I like girls, too. But that's not all I care about.

April　　All right, let's **hit the floor**!

Key Expressions

- **What a pleasant surprise!** used when somebody meets someone unexpectedly and is happy about it
- **What makes you say that?** used in response to a statement to mean "Why do you think that?" or "What is the evidence for what you are saying?"
- **not to mention** as well as; in addition to; not to speak of
- **miss out on** to miss an opportunity
- **hook up with** to simply meet with someone but also to kiss/make out with someone or to have sex with someone
- **hit the floor** to dance

Translation

Ryan: 에이프릴, 너 정말 맞니?
April: 라이언? 깜짝이야, 정말 반가워! 너를 클럽에서 보게 될 줄은 상상도 못했어. 너 도서관에서 공부하고 있어야 되는 거 아니니?
Ryan: 왜 그런 말을 하지?
April: 라이언, 네가 공부벌레라는 건 세상 사람들이 다 아는 사실이야. 넌 맨날 공부만 하잖아.
Ryan: 글쎄, 주중에는 열심히 공부하지만, 주말에는 안 그런데, 특히 금요일 밤은 더 말할 것도 없고. 그러니까 내 말은, 일어나는 모든 재미있는 일들을 놓치고 싶진 않다 그 말이지.
April: 와, 너 말하는 게 전혀 공부벌레 같지 않네. 사실 너 꽤 괜찮다, 라이언. 그런데, 너 누구랑 같이 왔니?
Ryan: 아니, 난 보통 클럽은 혼자 다녀, 춤추는 걸 좋아하거든.
April: 친구들하고 같이 오면 춤을 못 춰?
Ryan: 글쎄, 내 친구들 중에 여기 춤추러 오는 얘들은 하나도 없거든. 다들 여자나 꼬시러 오는 거지.
April: 아 그렇구나. 그러니까 넌 다르다는 얘기야?
Ryan: 음, 물론 나도 여자가 좋긴 하지. 하지만 난 여자 말고도 관심 있는 게 많아.
April: 좋았어, 춤이나 추자!

Step3 Shadowing1 🔊

지문을 보고 음원을 들으면서 성우의 발음과 억양을 흉내 내어 동시에 따라서 말해 보세요. 최소 2회 이상 반복하세요.

1회 ☐   2회 ☐   3회 ☐   4회 ☐   5회 ☐

Step4
Shadowing2

지문을 보지 않고 음원만 들으면서 성우의 발음과 억양을 흉내 내어 동시에 따라서 말해 보세요. 최소 2회 이상 반복하고, 성우의 말하는 속도에 맞출 수 있을 때까지 가능한 한 많이 연습하면 좋습니다.

1회☐　2회☐　3회☐　4회☐　5회☐

Step5
Recording

앞에 나왔던 본문 지문을 읽으며 스마트폰으로 녹음해 보세요. 성대모사를 한다고 생각하고 성우의 발음과 억양을 최대한 흉내 내어야 합니다. 녹음 완료 후 성우와 자신의 음성 파일을 비교하며 개선할 점을 적어 보세요.

Day 3
오랜만에 만난 동창생

Step 1
Listening

책의 지문을 보지 말고 이 챕터의 음원 파일을 2회 이상 귀 기울여 들어 보세요. 성우의 발음이 잘 들릴 때까지 반복해서 많이 들을수록 리스닝 실력이 향상됩니다.

1회☐   2회☐   3회☐   4회☐   5회☐

Step2 Reading

다음 지문을 읽고, 모르는 단어와 표현은 우측 페이지의 영어로 된 정의를 참고하세요.

Jackson   Sophia?

Sophia   I'm sorry, but **do I know you?**

Jackson   Hey, it's Jackson. We went to high school together. Don't you recognize me?

Sophia   Oh, my God, Jackson? Is that really you, Jackson? You've changed so much.

Jackson   Yeah, I've lost about 50 pounds. You have changed a lot too. I almost didn't recognize you.

Sophia   Really, did I? How have I changed? Do I look fat or old?

Jackson   No, no. You look **ravishing**. You have changed in a good way.

Sophia   Oh, thank you, Jackson. And you look like a totally different person. I can't believe you are the same guy I used to know. You look amazing!

Jackson   Yeah, I **get that a lot**. Hahaha.

Sophia   You are **hilarious**. So, what do you do these days?

Jackson   I work as a personal trainer.

Sophia   **No wonder** you **look so fit**. Hey, why don't we exchange numbers? We should **keep in touch**.

Jackson   Totally.

Key Expressions

- **Do I know you?** Have we met before?; used when a person asks someone if they have ever met before
- **ravishing** extremely attractive or beautiful
- **get that a lot** said in reaction to someone else's statement meaning "People tell me that a lot." or "I hear that kind of remark or comment from people often."
- **hilarious** very funny; extremely funny
- **no wonder** not surprising; said in reaction to someone else's statement meaning "Now I know why."
- **look so fit** look very healthy
- **keep in touch** to maintain communication with someone; stay in touch

Translation

Jackson: 소피아?
Sophia: 미안한데, 저 아세요?
Jackson: 야, 나 잭슨이야. 우리 같은 고등학교에 다녔잖아. 나 몰라보겠니?
Sophia: 맙소사, 잭슨? 정말 너야, 잭슨? 너 정말 많이 변했다.
Jackson: 응, 한 50파운드 정도 살을 뺐거든. 너도 정말 많이 변했어. 거의 못 알아볼 뻔 했다니까.
Sophia: 정말, 내가 변했어? 내가 어떻게 변했는데? 뚱뚱해 보여, 아니면 늙어 보여?
Jackson: 아니, 아니. 너 완전 뻑 갈 정도로 예뻐. 아주 좋게 변했다고.

Sophia: 오, 고마워, 잭슨. 너도 완전 다른 사람 같아. 내가 알던 그 사람이 너란 게 믿기지 않을 정도야. 너 완전 멋있다!
Jackson: 응, 나 그런 말 많이 들어. 하하하.
Sophia: 너 정말 웃긴다. 그래, 넌 요즘 무슨 일을 하니?
Jackson: 나 개인 트레이너로 일해.
Sophia: 어쩐지 몸이 엄청 좋더라니. 야, 우리 전화번호 주고받는 게 어때? 연락하고 지내야지.
Jackson: 당연하지.

Step3 Shadowing1

지문을 보고 음원을 들으면서 성우의 발음과 억양을 흉내 내어 동시에 따라서 말해 보세요. 최소 2회 이상 반복하세요.

1회☐   2회☐   3회☐   4회☐   5회☐

Step4
Shadowing2

지문을 보지 않고 음원만 들으면서 성우의 발음과 억양을 흉내 내어 동시에 따라서 말해 보세요. 최소 2회 이상 반복하고, 성우의 말하는 속도에 맞출 수 있을 때까지 가능한 한 많이 연습하면 좋습니다.

1회☐　2회☐　3회☐　4회☐　5회☐

Step5
Recording

앞에 나왔던 본문 지문을 읽으며 스마트폰으로 녹음해 보세요. 성대모사를 한다고 생각하고 성우의 발음과 억양을 최대한 흉내 내어야 합니다. 녹음 완료 후 성우와 자신의 음성 파일을 비교하며 개선할 점을 적어 보세요.

Day 4
여행지에서의 만남

Step 1
Listening

책의 지문을 보지 말고 이 챕터의 음원 파일을 2회 이상 귀 기울여 들어 보세요. 성우의 발음이 잘 들릴 때까지 반복해서 많이 들을수록 리스닝 실력이 향상됩니다.

1회☐ 2회☐ 3회☐ 4회☐ 5회☐

Step2 Reading

다음 지문을 읽고, 모르는 단어와 표현은 우측 페이지의 영어로 된 정의를 참고하세요.

Colin   Excuse me, but could you take a picture of me, please?

Jasmine   Sure. *(takes a photo of Colin)* Is this your first time in Chicago?

Colin   **First time ever.**

Jasmine   How do you like it so far?

Colin   I love it here. Everything is so beautiful. I think Chicago has the best skyline in the world.

Jasmine   Do you really? What about New York? Isn't New York City known for having the best skyline?

Colin   I've heard so many people say that before, but personally I think Chicago's the best. **Nothing beats** the Chicago skyline, especially at night.

Jasmine   Okay, okay, I will **say no more**. By the way, my name's Jasmine. You are?

Colin   I'm Colin. Nice to meet you.

Jasmine   **You too.** Where are you from, Colin?

Colin   I'm from Colorado. And you?

Jasmine   I'm a native Chicagoan.

Colin   That's why you don't appreciate Chicago's skyline as much as I do.

Jasmine   I do! I've always thought I was really lucky to have been born and raised here.

Colin   Yeah, you **lucked out**!

Key Expressions

- **First time ever.** used to emphasize that you have never done something before
- **nothing beats** no one can do better than that; this is the best
- **say no more** I agree; I understand it completely; I will do it; there's no need continue talking
- **You too.** Same Here; used as a response meaning "I feel the same way as you." to statements such as "Nice to meet you." or "Thank you."
- **luck out** to be lucky; to have good fortune

Translation

Colin: 죄송하지만, 사진 좀 찍어 주실 수 있나요?
Jasmine: 그럼요. (콜린의 사진을 찍어 줌) 시카고엔 처음이세요?
Colin: 태어나서 처음이에요.
Jasmine: 구경해 보니까 시카고 어떤 것 같아요?
Colin: 시카고 정말 좋아요. 모든 게 다 예쁘네요. 제 생각엔 시카고 스카이라인이 전 세계에서 가장 예쁜 것 같아요.
Jasmine: 정말로요? 뉴욕은 어떻게 하고요? 뉴욕이 최고의 스카이라인으로 유명하지 않나요?
Colin: 많은 사람이 그렇게 말하는 걸 들었는데 개인적으로 전 시카고가 최고인 것 같아요. 그 무엇도 시카고의 스카이라인을 넘어설 순 없을 거예요. 특히 야경은.
Jasmine: 네, 네, 맞아요. 참, 제 이름은 재스민이에요. 당신은요?
Colin: 전 콜린이에요. 만나서 반가워요.
Jasmine: 저도요. 콜린 씨는 어디 출신이신가요?
Colin: 저는 콜로라도에서 왔어요. 당신은요?
Jasmine: 저는 시카고에서 태어났어요.
Colin: 그래서 당신이 저처럼 시카고의 스카이라인에 그렇게 열광하지 않았던 거군요.
Jasmine: 저도 좋아해요! 여기서 태어나고 자란 것이 얼마나 행운인지 감사하면서 살고 있답니다.
Colin: 맞아요, 당신은 정말 운이 좋은 거예요!

Step3 Shadowing1

지문을 보고 음원을 들으면서 성우의 발음과 억양을 흉내 내어 동시에 따라서 말해 보세요. 최소 2회 이상 반복하세요.

1회☐   2회☐   3회☐   4회☐   5회☐

Step4
Shadowing2

지문을 보지 않고 음원만 들으면서 성우의 발음과 억양을 흉내 내어 동시에 따라서 말해 보세요. 최소 2회 이상 반복하고, 성우의 말하는 속도에 맞출 수 있을 때까지 가능한 한 많이 연습하면 좋습니다.

1회 ☐   2회 ☐   3회 ☐   4회 ☐   5회 ☐

Step5
Recording

앞에 나왔던 본문 지문을 읽으며 스마트폰으로 녹음해 보세요. 성대모사를 한다고 생각하고 성우의 발음과 억양을 최대한 흉내 내어야 합니다. 녹음 완료 후 성우와 자신의 음성 파일을 비교하며 개선할 점을 적어 보세요.

Day 5

외국인이
길을 물어볼 때

Step 1
Listening

책의 지문을 보지 말고 이 챕터의 음원 파일을 2회 이상 귀 기울여 들어 보세요. 성우의 발음이 잘 들릴 때까지 반복해서 많이 들을수록 리스닝 실력이 향상됩니다.

1회☐ 2회☐ 3회☐ 4회☐ 5회☐

Step2 Reading

다음 지문을 읽고, 모르는 단어와 표현은 우측 페이지의 영어로 된 정의를 참고하세요.

Carson   Excuse me. Do you, **by any chance**, know how I can get to the Museum of Modern Art?

Sydney   Are you walking or taking a bus?

Carson   I was thinking of taking a bus, but if it's not too far, I **might as well** just walk.

Sydney   It's about a 20-minute walk from here.

Carson   20 minutes? Wow, that sounds kind of far. Could you tell me how to get there by bus?

Sydney   **On second thought**, I think it would be easier if you took the subway.

Carson   Is that right?

Sydney   Yeah. The subway station is right down the corner. If you walk straight towards Times Square, you'll see an entrance to the subway in less than a minute.

Carson   And?

Sydney   If you go down to the subway station, you can find a map that tells you how to get to MOMA.

Carson   Excuse me, did you say MOMA? What's that?

Sydney   Oh, sorry, it's the **acronym** for the Museum of Modern Art.

Carson   Oh, that's interesting. Okay, then, I'm going to MOMA. Thank you very much.

Sydney   Enjoy your visit!

Key Expressions

- **by any chance** used to mean "Is there any possibility?"; used when you are asking questions to find out whether something is true
- **may/might as well** a phrase indicating that it is probably better to do something than not to do it
- **on second thought** after having thought about something again; having given something more thought
- **acronym** a word made up of initials or parts of other words, for example, UN(United Nations)

Translation

Carson: 실례합니다. 저 혹시 현대미술관을 가려면 어떻게 가야 하는지 아시나요?
Sydney: 걸어가실 건가요, 아니면 버스를 타고 가실 건가요?
Carson: 버스를 타고 가려고 했는데, 별로 안 멀면 그냥 걸어갈까 해요.
Sydney: 걸어가면 여기서 한 20분 걸려요.
Carson: 20분이요? 우와, 좀 먼 것 같네요. 버스로 가려면 어떻게 가야 하는지 알려 주시겠어요?
Sydney: 다시 생각해 보니까, 지하철로 가시는 게 더 쉬울 것 같네요.
Carson: 그래요?
Sydney: 네. 지하철역이 바로 저쪽 길모퉁이에 있거든요. 타임스 스퀘어 쪽으로 똑바로 걸어가시면 1분도 안 돼서 지하철역 입구가 보일 거예요.
Carson: 그다음에는요?
Sydney: 일단 지하철역 안으로 들어가면 '모마'로 어떻게 가는지 보여 주는 약도가 있을 거예요.
Carson: 잠시만요, 지금 '모마'라고 하셨나요? 그게 뭐죠?
Sydney: 아, 죄송해요, 현대미술관을 약어로 '모마'라고 부른답니다.
Carson: 재미있네요. 좋아요, 그럼 전 '모마'로 가 볼게요. 정말 감사해요.
Sydney: 즐거운 여행 되세요!

Step3 Shadowing1

지문을 보고 음원을 들으면서 성우의 발음과 억양을 흉내 내어 동시에 따라서 말해 보세요. 최소 2회 이상 반복하세요.

1회☐   2회☐   3회☐   4회☐   5회☐

Step4
Shadowing2

지문을 보지 않고 음원만 들으면서 성우의 발음과 억양을 흉내 내어 동시에 따라서 말해 보세요. 최소 2회 이상 반복하고, 성우의 말하는 속도에 맞출 수 있을 때까지 가능한 한 많이 연습하면 좋습니다.

1회☐　2회☐　3회☐　4회☐　5회☐

Step5
Recording

앞에 나왔던 본문 지문을 읽으며 스마트폰으로 녹음해 보세요. 성대모사를 한다고 생각하고 성우의 발음과 억양을 최대한 흉내 내어야 합니다. 녹음 완료 후 성우와 자신의 음성 파일을 비교하며 개선할 점을 적어 보세요.

Day 6
외국인 선교사가 말을 걸 때

Step 1
Listening

책의 지문을 보지 말고 이 챕터의 음원 파일을 2회 이상 귀 기울여 들어 보세요. 성우의 발음이 잘 들릴 때까지 반복해서 많이 들을수록 리스닝 실력이 향상됩니다.

1회☐   2회☐   3회☐   4회☐   5회☐

Step2 Reading

다음 지문을 읽고, 모르는 단어와 표현은 우측 페이지의 영어로 된 정의를 참고하세요.

Declan   Do you have a minute? I would like to share with you the greatest of all miracles.

Alexis   I'm sorry, but I'm **in a hurry**.

Declan   It will only take a minute. You can just **move along at your own pace**. I'll speak and you just listen to what I have to say.

Alexis   Are you trying to sell me something?

Declan   No, I'm not trying to sell you anything. I'm trying to share the Good News with you.

Alexis   The Good News?

Declan   Yes, the Good News that Jesus died for our sins. And you don't have to do anything but believe in him. Then, you'll spend **eternity** in heaven with him.

Alexis   Thanks for sharing the Good News with me. But, I believe in Jesus already.

Declan   Which church do you go to?

Alexis   Why do you want to know that?

Declan   Well, maybe I can help you find the right church for you.

Alexis   I'll pray to God myself and find out if the church I'm attending is the right church for me or not.

Declan   Okay, then. I'll pray for you, too!

Key Expressions

- **in a hurry** have to act or do something fast; busy
- **move along** to continue to move; to start moving out of the way
- **at one's own pace** without hurry; used when you want to say "Take your time."
- **eternity** endless time or infinite time; time without beginning or end

Translation

Declan: 잠깐 시간 있으신가요? 세상에서 가장 위대한 기적을 당신과 나누고 싶은데요.
Alexis: 죄송하지만, 제가 좀 바빠서요.
Declan: 1분이면 돼요. 그냥 원래대로 가시던 길 계속 가시면 돼요. 말은 제가 할 테니까 당신은 그냥 듣기만 하면 되거든요.
Alexis: 뭘 팔려고 그러시는 거예요?
Declan: 아니요, 뭘 팔려는 거 아니에요. 전 당신과 복음을 나누려는 거예요.
Alexis: 복음이요?
Declan: 네, 예수께서 우리의 죄를 대신해서 죽으셨다는 복음이요. 그리고 이제 당신은 아무것도 할 것 없이 그를 믿기만 하면 돼요. 그러면 그와 함께 천국에서 영생복락을 누릴 수 있답니다.
Alexis: 저에게 복음을 나눠 주셔서 감사하긴 한데요, 저는 이미 예수를 믿고 있어요.
Declan: 어느 교회에 다니시는데요?
Alexis: 그런 건 왜 알려고 하시죠?
Declan: 음, 제가 알면 당신에게 딱 맞는 교회를 찾아 줄 수 있을 것 같아서요.
Alexis: 제가 직접 하나님께 기도 드려서 지금 다니고 있는 교회가 저한테 맞는 교회인지 아닌지 알아볼게요.
Declan: 네, 그러세요. 저도 당신을 위해 기도할게요!

Step3 Shadowing1

지문을 보고 음원을 들으면서 성우의 발음과 억양을 흉내 내어 동시에 따라서 말해 보세요. 최소 2회 이상 반복하세요.

1회 ☐   2회 ☐   3회 ☐   4회 ☐   5회 ☐

Step4
Shadowing2

지문을 보지 않고 음원만 들으면서 성우의 발음과 억양을 흉내 내어 동시에 따라서 말해 보세요. 최소 2회 이상 반복하고, 성우의 말하는 속도에 맞출 수 있을 때까지 가능한 한 많이 연습하면 좋습니다.

1회☐　2회☐　3회☐　4회☐　5회☐

Step5
Recording

앞에 나왔던 본문 지문을 읽으며 스마트폰으로 녹음해 보세요. 성대모사를 한다고 생각하고 성우의 발음과 억양을 최대한 흉내 내어야 합니다. 녹음 완료 후 성우와 자신의 음성 파일을 비교하며 개선할 점을 적어 보세요.

Day 7
외국인과 어울리는 모임에서

Step1
Listening

책의 지문을 보지 말고 이 챕터의 음원 파일을 2회 이상 귀 기울여 들어 보세요. 성우의 발음이 잘 들릴 때까지 반복해서 많이 들을수록 리스닝 실력이 향상됩니다.

1회☐   2회☐   3회☐   4회☐   5회☐

Step2 Reading

다음 지문을 읽고, 모르는 단어와 표현은 우측 페이지의 영어로 된 정의를 참고하세요.

Chase   Hi, **I don't think we have met**. My name is Chase.

Kayla   I'm Kayla. I like your name. Who gave you that name?

Chase   I named myself. I thought if I wanted to be friends with **expats**, I would probably need an English name.

Kayla   Why do you need an English name for that? Can't you just use your Korean name?

Chase   I can but I've had friends from other countries who **had a hard time** trying to pronounce my Korean name. Plus, they never remembered my name correctly.

Kayla   Haha. I see what you are saying. That **makes perfect sense**.

Chase   So, **what brings you to** Korea, Kayla?

Kayla   Originally I was just going to travel around the country for about a month, but I fell in love with the people here, so I've decided to get a job here and stay.

Chase   Wow. What a nice story!

Kayla   How about you? How did you become so good at English?

Chase   Oh, my parents used to play *Sesame Street* videos every day when I was a kid.

Kayla   Really? That's how you learned English?

Chase   Yup. That's why when I speak English, I sound like a little kid.

Key Expressions

- **I don't think we have met.** used when you want to introduce yourself to someone you don't know
- **expat** a person living in another country
- **have a hard time** to suffer; to have difficulty doing something
- **make perfect sense** when something is perfectly clear, reasonable
- **what brings you to** What is your reason for being here?; a polite way of saying "Why are you here?" or "What do you do here?"

Translation

Chase: 안녕, 우리 전에 인사 나눈 적 없는 것 같네. 내 이름은 체이스야.
Kayla: 난 케일라. 네 이름 마음에 든다. 누가 지어 준 이름이야?
Chase: 내가 직접 지은 거야. 외국인들과 친해지려면 영어 이름 하나쯤은 있어야 될 것 같더라고.
Kayla: 외국인들과 친해지는 데 왜 영어 이름이 필요해? 그냥 한국 이름 쓰면 안 돼?
Chase: 그렇게 할 수도 있지만 외국인 친구들 중에 내 한국 이름을 발음하느라고 애먹는 애들이 좀 있거든. 그리고 내 이름을 제대로 기억 못 하더라고.
Kayla: 하하. 무슨 말인지 알겠다. 백 번 이해해.
Chase: 그래, 케일라 넌 한국에는 무슨 일로 온 거니?
Kayla: 원래는 한 달 정도만 여행하고 돌아가려고 했는데, 그만 이곳 한국 사람들과 사랑에 빠져 버려서 결국 여기서 직장을 구하고 계속 살게 됐어.
Chase: 우와. 아주 멋진 스토리로구나!
Kayla: 넌 어때? 넌 어떻게 영어를 이렇게 잘하게 된 거니?
Chase: 아, 어렸을 때 우리 부모님이 맨날 〈세서미 스트리트〉 비디오를 틀어 두셨거든.
Kayla: 정말? 너 그거 보면서 영어 배운 거야?
Chase: 응. 그래서 내가 영어로 말할 때 좀 애들처럼 말하는 거야.

Step3 Shadowing1

지문을 보고 음원을 들으면서 성우의 발음과 억양을 흉내 내어 동시에 따라서 말해 보세요. 최소 2회 이상 반복하세요.

1회☐ 2회☐ 3회☐ 4회☐ 5회☐

Step4
Shadowing2

지문을 보지 않고 음원만 들으면서 성우의 발음과 억양을 흉내 내어 동시에 따라서 말해 보세요. 최소 2회 이상 반복하고, 성우의 말하는 속도에 맞출 수 있을 때까지 가능한 한 많이 연습하면 좋습니다.

1회 ☐   2회 ☐   3회 ☐   4회 ☐   5회 ☐

Step5
Recording

앞에 나왔던 본문 지문을 읽으며 스마트폰으로 녹음해 보세요. 성대모사를 한다고 생각하고 성우의 발음과 억양을 최대한 흉내 내어야 합니다. 녹음 완료 후 성우와 자신의 음성 파일을 비교하며 개선할 점을 적어 보세요.

Dictation

음원을 잘 듣고, 받아 적어 보세요.

1. _____
2. _____
3. _____
4. _____
5. _____
6. _____
7. _____
8. _____
9. _____
10. _____

★ **Answers**

1. You can say that again. **2.** What makes you say that? **3.** I'm sorry, but do I know you? **4.** Excuse me, but could you take a picture of me, please? **5.** Is this your first time in Chicago? **6.** Are you walking or taking a bus? **7.** It's about a 20-minute walk from here. **8.** Do you have a minute? **9.** I'm sorry, but I'm in a hurry. **10.** Hi, I don't think we have met. My name is Chase.

PART 2
연애, 남녀 관계

Day 8
데이트 신청하기

Step 1
Listening

책의 지문을 보지 말고 이 챕터의 음원 파일을 2회 이상 귀 기울여 들어 보세요. 성우의 발음이 잘 들릴 때까지 반복해서 많이 들을수록 리스닝 실력이 향상됩니다.

1회☐　2회☐　3회☐　4회☐　5회☐

Step2 Reading

다음 지문을 읽고, 모르는 단어와 표현은 우측 페이지의 영어로 된 정의를 참고하세요.

Camden Do we have any assignments or quizzes for next week?

Yvonne **Not that I know of.**

Camden How about the following week?

Yvonne I'm not exactly sure, but as far as I know, I don't think we have anything until the midterms.

Camden Then, are you free this weekend?

Yvonne My parents were going to visit me this weekend, but **something came up**. So apparently they aren't coming.

Camden Does that mean you can **go to the movies** with me?

Yvonne Go to the movies with you? Yeah, why not? Let's **hang out**.

Camden How about we have dinner at this Italian restaurant on 16th street, then go to the movies after that? **My treat.**

Yvonne Wait a minute. Is this like a date?

Camden Does it sound like a date?

Yvonne Yes, it does. Are you **asking me out**?

Camden Yes, I am. Is that all right?

Yvonne Of course! I've always wanted to go out with you!

Key Expressions

- **Not that I know of.** probably not; used when answering a question to mean that, judging from the information you have, the answer is 'no'
- **something came up** something happened unexpectedly
- **go to the movies** go to see a movie at the theater
- **hang out** to spend time with someone doing various things
- **My treat.** to offer to pay for another person's food or drink; to offer to pay not only for your own share, but for one or more others in your party
- **ask someone out** ask someone on a date

Translation

Camden: 우리 다음 주까지 해야 하는 숙제나 아니면 쪽지 시험 같은 거 있니?
Yvonne: 내가 알기론 없는데.
Camden: 그 다음 주는?
Yvonne: 글쎄 정확히는 모르겠지만, 내가 알기로는 우리 중간고사 기간까지는 아무것도 없을걸.
Camden: 그럼 너 이번 주말에 안 바빠?
Yvonne: 이번 주말에 우리 부모님께서 오시려고 했었는데 일이 생겼다고 하시더라고. 그래서 못 오시게 된 듯 싶어.
Camden: 그럼 너 나랑 같이 영화 보러 갈 수 있다는 얘기니?

Yvonne: 너랑 영화를 보러 간다고? 그래, 뭐 안 될 거 없지. 같이 놀자고.
Camden: 16번가에 있는 이탈리아 레스토랑에서 저녁을 먹고, 그러고 나서 영화관에 가는 거 어때? 내가 살게.
Yvonne: 잠시만. 이거 뭐 데이트 같은 거니?
Camden: 데이트 가는 것처럼 들려?
Yvonne: 응, 그렇게 들리는데. 너 나한테 데이트 신청하는 거야?
Camden: 응, 맞아. 그래도 괜찮을까?
Yvonne: 당연하지! 너랑 늘 데이트 하고 싶었어!

Step3 Shadowing1

지문을 보고 음원을 들으면서 성우의 발음과 억양을 흉내 내어 동시에 따라서 말해 보세요. 최소 2회 이상 반복하세요.

1회 ☐   2회 ☐   3회 ☐   4회 ☐   5회 ☐

Step4
Shadowing2

지문을 보지 않고 음원만 들으면서 성우의 발음과 억양을 흉내 내어 동시에 따라서 말해 보세요. 최소 2회 이상 반복하고, 성우의 말하는 속도에 맞출 수 있을 때까지 가능한 한 많이 연습하면 좋습니다.

1회 ☐   2회 ☐   3회 ☐   4회 ☐   5회 ☐

Step5
Recording

앞에 나왔던 본문 지문을 읽으며 스마트폰으로 녹음해 보세요. 성대모사를 한다고 생각하고 성우의 발음과 억양을 최대한 흉내 내어야 합니다. 녹음 완료 후 성우와 자신의 음성 파일을 비교하며 개선할 점을 적어 보세요.

Day 9
호감 가는 남자와 대화하기

Step 1
Listening

책의 지문을 보지 말고 이 챕터의 음원 파일을 2회 이상 귀 기울여 들어 보세요. 성우의 발음이 잘 들릴 때까지 반복해서 많이 들을수록 리스닝 실력이 향상됩니다.

1회☐   2회☐   3회☐   4회☐   5회☐

Step2 Reading

다음 지문을 읽고, 모르는 단어와 표현은 우측 페이지의 영어로 된 정의를 참고하세요.

Sandra   Hi, Xavier. I like your shoes.

Xavier   Thanks. I thought they were too fancy.

Sandra   Too fancy? What are you talking about? You look perfectly **in style**.

Xavier   You think? You **have good taste in fashion**.

Sandra   No, I think you **have good fashion sense**.

Xavier   Thanks again. Why are you being so nice to me today?

Sandra   Today? When was I NOT nice to you? I thought I've always been nice to you.

Xavier   I'm sorry, but I guess I didn't notice your niceness. Anyway, thanks for being nice to me all the time.

Sandra   **My pleasure**. Is that an espresso you're drinking?

Xavier   Yes, it is. How did you know I was drinking an espresso?

Sandra   And that must be a **double shot** because a real man like you wouldn't drink anything less than a double shot espresso.

Xavier   Wow, that was like the best compliment I've ever heard.

Sandra   I don't think that was a compliment. I was just telling you the truth.

Key Expressions

- **in style** in the current style or fashion
- **have good taste in fashion** used as a compliment to someone who dresses nicely
- **have good fashion sense** used to compliment someone who knows how to dress well
- **My pleasure.** used as a response meaning "You are welcome." when someone says "Thank you."
- **double shot** two shots of espresso

Translation

Sandra: 안녕, 제이비어. 신발 예쁘네.
Xavier: 고마워. 좀 너무 화려한 건 아닌가 싶었는데.
Sandra: 너무 화려하다고? 무슨 소리야? 완전 유행하는 스타일인데.
Xavier: 그래? 너 패션 감각이 좋구나.
Sandra: 아니야, 내가 보기엔 네가 패션 감각이 있는 것 같은데.
Xavier: 다시 한 번 고마워. 그런데 너 오늘 나한테 왜 이렇게 잘해 주는 거니?
Sandra: 오늘? 언제 내가 너한테 잘해 주지 않은 적이 있었나? 난 항상 너한테 잘해 줬는데.
Xavier: 미안, 너가 잘해 주는지 미처 몰랐어. 아무튼, 항상 나한테 잘해 줘서 고마워.
Sandra: 고맙다니 기쁘네. 너 지금 마시는 거 에스프레소 커피니?
Xavier: 맞아, 근데 내가 에스프레소 마시고 있는지 어떻게 알았어?
Sandra: 그리고 샷 추가도 했을 테고. 왜냐하면 너 같은 남자 중의 남자는 샷을 추가한 에스프레소가 아니면 마시지 않을 테니까.
Xavier: 와, 내가 여태까지 들었던 칭찬 중 최고의 칭찬인걸.
Sandra: 칭찬은 무슨. 난 진실을 말하고 있을 뿐이야.

Step3 Shadowing1

지문을 보고 음원을 들으면서 성우의 발음과 억양을 흉내 내어 동시에 따라서 말해 보세요. 최소 2회 이상 반복하세요.

1회☐　2회☐　3회☐　4회☐　5회☐

Step4
Shadowing2

지문을 보지 않고 음원만 들으면서 성우의 발음과 억양을 흉내 내어 동시에 따라서 말해 보세요. 최소 2회 이상 반복하고, 성우의 말하는 속도에 맞출 수 있을 때까지 가능한 한 많이 연습하면 좋습니다.

1회□   2회□   3회□   4회□   5회□

Step5
Recording

앞에 나왔던 본문 지문을 읽으며 스마트폰으로 녹음해 보세요. 성대모사를 한다고 생각하고 성우의 발음과 억양을 최대한 흉내 내어야 합니다. 녹음 완료 후 성우와 자신의 음성 파일을 비교하며 개선할 점을 적어 보세요.

Day 10
착각하는 남자, 튕기는 여자

Step 1
Listening

책의 지문을 보지 말고 이 챕터의 음원 파일을 2회 이상 귀 기울여 들어 보세요. 성우의 발음이 잘 들릴 때까지 반복해서 많이 들을수록 리스닝 실력이 향상됩니다.

1회 ☐   2회 ☐   3회 ☐   4회 ☐   5회 ☐

Step2 Reading

다음 지문을 읽고, 모르는 단어와 표현은 우측 페이지의 영어로 된 정의를 참고하세요.

Josiah   How's it going, Alice?

Alice   Not too bad. How are you?

Josiah   Very good. You know what? I just got two tickets for Jay Z's concert from Uncle Frank, you know the guy who works in **showbiz**. You are going with me, right?

Alice   Jay Z? Isn't that one of those hip-hop dudes?

Josiah   One of those? He's like the king of hip-hop. Come on!

Alice   I thought the king of hip-hop was Eminem. Anyway, I don't really like that kind of music.

Josiah   I thought you would be excited about going to a concert with me. Because I thought you would be happy just to be with me.

Alice   Josiah, I like being with you and spending time with you, but I wouldn't like it if I had to do something that I didn't like.

Josiah   Okay, I see your point. So, I am not that important to you. Maybe I have **overestimated** our relationship.

Alice   Hey, don't be so **melodramatic**.

Josiah   What am I to you? Am I just a **summer crush**? Do you even **have feelings for me**?

Alice   You are such a **drama queen**.

Key Expressions

- **showbiz** show business; entertainment industry; radio and television and films and theater
- **overestimate** to think something is greater or more important than it really is
- **melodramatic** excessively dramatic, exaggerated and emotional
- **summer crush** a short love affair or crush or intense desire to be with someone, especially over the summer vacation
- **have feelings for someone** to like someone
- **drama queen** an overly dramatic person

Translation

Josiah: 잘 지내니, 앨리스?
Alice: 뭐 그럭저럭. 넌 어때?
Josiah: 잘 지내지. 너 그거 알아? 연예계 쪽에서 일하는 프랭크라는 삼촌 있잖아, 지금 막 그 삼촌한테 제이 지 콘서트 티켓 두 장을 받았어.
Alice: 제이 지? 힙합 같은 거 부르는 애들 중 한 명 아니니?
Josiah: 그런 애들 중 하나라니? 그 사람은 힙합의 왕이야. 왜 이래!
Alice: 힙합의 왕은 에미넴인 줄 알았는데. 암튼, 난 그런 류의 음악을 안 좋아해.
Josiah: 난 네가 나랑 콘서트에 같이 가게 돼서 정말 좋아할 줄 알았는데. 왜냐하면 넌 나랑 같이 있기만 해도 행복할 거라고 생각했거든.
Alice: 조사이어, 난 너랑 같이 있는 것도 좋고, 같이 시간 보내는 것도 좋고, 하지만 내가 하기 싫은 걸 해야만 하는 거라면 그건 별로일 것 같아.
Josiah: 그래, 네가 무슨 말 하려는지 알 것 같아. 그러니까, 내가 너에게 그다지 중요하지는 않다는 거지. 아무래도 내가 우리의 관계를 너무 과대평가했나 보네.
Alice: 야, 드라마 좀 그만 찍지.
Josiah: 내가 너에게 어떤 존재니? 그저 여름방학 때 잠깐 불장난하는 그런 관계니? 너 날 좋아하긴 하는 거니?
Alice: 넌 정말 오버 왕이구나.

Step3 Shadowing1

지문을 보고 음원을 들으면서 성우의 발음과 억양을 흉내 내어 동시에 따라서 말해 보세요. 최소 2회 이상 반복하세요.

1회☐　2회☐　3회☐　4회☐　5회☐

Step4
Shadowing2

지문을 보지 않고 음원만 들으면서 성우의 발음과 억양을 흉내 내어 동시에 따라서 말해 보세요. 최소 2회 이상 반복하고, 성우의 말하는 속도에 맞출 수 있을 때까지 가능한 한 많이 연습하면 좋습니다.

1회☐　2회☐　3회☐　4회☐　5회☐

Step5
Recording

앞에 나왔던 본문 지문을 읽으며 스마트폰으로 녹음해 보세요. 성대모사를 한다고 생각하고 성우의 발음과 억양을 최대한 흉내 내어야 합니다. 녹음 완료 후 성우와 자신의 음성 파일을 비교하며 개선할 점을 적어 보세요.

Day 11
바에서
작업 걸기

Step1
Listening

책의 지문을 보지 말고 이 챕터의 음원 파일을 2회 이상 귀 기울여 들어 보세요. 성우의 발음이 잘 들릴 때까지 반복해서 많이 들을수록 리스닝 실력이 향상됩니다.

1회 □   2회 □   3회 □   4회 □   5회 □

Step2 Reading

다음 지문을 읽고, 모르는 단어와 표현은 우측 페이지의 영어로 된 정의를 참고하세요.

Jason   Is your father a thief?

Vivian   Ugh! Are you still living in the 80s or something? That **pick-up line** is so **archaic**.

Jason   Is it really? I just heard it from one of my coolest friends. Maybe it's not the one you know.

Vivian   Yeah? Then, what's the next line?

Jason   If you say "no!", then I would reply "then who took the stars from the sky and put them in your eyes?"

Vivian   Ughhhh! That's exactly the one I know. Are you trying to be funny?

Jason   No, I'm not. I'm very serious. I think your eyes are **beyond beautiful**.

Vivian   Although it sounds very **cheesy**, there's something about you that makes me smile.

Jason   Is it my good looks?

Vivian   Haha. I hope you aren't a player.

Jason   Do I look like a player? I'm telling you the truth.

Vivian   I'm really not the type of girl who **falls for** this kind of **crap**, but somehow you make me **let down my guard**.

Jason   Want another drink?

Key Expressions

- **pick-up line** a line someone uses to attract the opposite sex; a conversation opener with the intent of engaging an unfamiliar person for romance, or dating
- **archaic** ancient; out of date; no longer relevant
- **beyond beautiful** to a degree or amount greater than beautiful; extremely beautiful
- **cheesy** used as an adjective meaning trying too hard to look or sound cool but end up looking or sounding very stupid or lame or corny; uncool; of poor or low quality
- **fall for** to be deceived by; to believe someone or something that is not true
- **crap** nonsense; used to express anger or contempt; cheap material; excrement
- **let down one's guard** to stop being cautious; to stop protecting oneself from danger or trouble

Translation

Jason: 당신의 아버지는 도둑인가요?
Vivian: 아이고! 아직도 무슨 80년대에 사시나요? 그 작업 멘트는 너무 옛날 고릿적 멘트예요.
Jason: 그래요? 제 친구 중에 제일 잘나가는 녀석한테서 방금 들은 건데요. 아마 당신이 아는 그 작업 멘트가 아닐 거예요.
Vivian: 그럴까요? 그럼, 그다음 말은 뭔데요?
Jason: 당신이 "아니요!"라고 말하면 제가 "그렇다면 도대체 누가 하늘에서 별들을 따다가 당신의 눈 안에 넣은 건가요?"라고 대답하는 거예요.
Vivian: 아이고! 제가 아는 거랑 정확하게 일치하네요. 지금 설마 웃기려고 그러시는 건가요?

Jason: 아니에요. 전 정말 진지해요. 제 생각에 당신의 눈은 아름답다는 단어만으로는 형용할 수가 없네요.
Vivian: 말하는 게 참 유치하고 느끼하지만, 왠지 모르게 저를 웃게 만드는 뭔가가 당신에겐 있네요.
Jason: 제 잘생긴 외모 때문인가요?
Vivian: 하하. 설마 바람둥이는 아니겠죠.
Jason: 제가 바람둥이처럼 보여요? 난 진심이에요.
Vivian: 난 정말 이런 얕은 수작에 넘어가는 그런 류의 여자는 아닌데, 왠지 모르게 당신은 제가 긴장을 풀게 만드는군요.
Jason: 한 잔 더 하실래요?

Step3 Shadowing1

지문을 보고 음원을 들으면서 성우의 발음과 억양을 흉내 내어 동시에 따라서 말해 보세요. 최소 2회 이상 반복하세요.

1회☐　2회☐　3회☐　4회☐　5회☐

Step4
Shadowing2

지문을 보지 않고 음원만 들으면서 성우의 발음과 억양을 흉내 내어 동시에 따라서 말해 보세요. 최소 2회 이상 반복하고, 성우의 말하는 속도에 맞출 수 있을 때까지 가능한 한 많이 연습하면 좋습니다.

1회☐   2회☐   3회☐   4회☐   5회☐

Step5
Recording

앞에 나왔던 본문 지문을 읽으며 스마트폰으로 녹음해 보세요. 성대모사를 한다고 생각하고 성우의 발음과 억양을 최대한 흉내 내어야 합니다. 녹음 완료 후 성우와 자신의 음성 파일을 비교하며 개선할 점을 적어 보세요.

Day 12

작업남
거절하기

Step 1
🎧 Listening

책의 지문을 보지 말고 이 챕터의 음원 파일을 2회 이상 귀 기울여 들어 보세요. 성우의 발음이 잘 들릴 때까지 반복해서 많이 들을수록 리스닝 실력이 향상됩니다.

1회 ☐　2회 ☐　3회 ☐　4회 ☐　5회 ☐

Step2 Reading

다음 지문을 읽고, 모르는 단어와 표현은 우측 페이지의 영어로 된 정의를 참고하세요.

Tristan   Hey there. Do you come here often?

Katherine   Not really.

Tristan   I'm **a regular** here. But I don't do this kind of thing often.

Katherine   This kind of thing?

Tristan   You know, talking to a woman I've never met.

Katherine   Oh, I see.

Tristan   It's kind of **stuffy** in here. Do you want to go out for some fresh air?

Katherine   Oh, that would be nice but I'm afraid I can't, because I'm supposed to meet one of my friends here at the bar.

Tristan   A guy or a girl?

Katherine   A guy.

Tristan   I knew it. It wouldn't make any sense if a girl like you didn't have a boyfriend.

Katherine   Well, he's not really my boyfriend yet. But we **are kind of seeing each other**.

Tristan   Oh, does that mean I still have a chance?

Katherine   I don't want to be rude but would you please go talk to someone else? Because if the guy I'm seeing sees me talking with you, he might **get the wrong idea** about me.

Tristan   Okay. Just let me know if **things don't work out** between you and that guy.

Key Expressions

- **a regular** a habitual customer; someone who often goes to a particular event or place, such as a shop or restaurant or bar
- **stuffy** hot or oppressive, and lacking fresh air
- **be seeing each other** when two people meet and date each other without any long-term commitment
- **get the wrong idea** to believe something that is not true; misunderstand
- **things work out** to come to an agreement with someone; to turn out all right in the end; to result in a good conclusion

Translation

Tristan: 저기요, 여기 자주 오시나요?
Katherine: 아니요 별로.
Tristan: 전 여기 단골이에요. 하지만 이런 걸 자주 하진 않아요.
Katherine: 이런 거라뇨?
Tristan: 그러니까, 처음 본 여자에게 말 걸고 그러는 거요.
Katherine: 아, 네.
Tristan: 여기 좀 공기가 답답하네요. 시원한 바깥 공기 좀 쐬실래요?
Katherine: 아, 그러면 좋긴 하겠지만 그럴 수가 없네요. 왜냐하면 여기 바에서 친구를 만나기로 했거든요.
Tristan: 남자요 아니면 여자요?

Katherine: 남자요.
Tristan: 그럴 줄 알았어요. 당신 같은 여자가 남자친구가 없다면 말이 안 되죠.
Katherine: 글쎄요, 아직 그 친구가 제 남자친구는 아닌데요. 하지만 요즘 좀 만나는 중이긴 해요.
Tristan: 오, 그러면 저에게도 아직 기회가 있다는 건가요?
Katherine: 무례하고 싶진 않지만 제발 다른 사람한테 가서 말 좀 걸어 주시겠어요? 왜냐하면 제가 만나는 남자가 혹시라도 당신하고 제가 얘기하는 걸 보고 저에 대해서 오해할 수도 있으니까요.
Tristan: 좋아요. 그래도 혹시 그 남자하고 잘 안 되면 저에게 귀띔해 주세요.

Step3 Shadowing1

지문을 보고 음원을 들으면서 성우의 발음과 억양을 흉내 내어 동시에 따라서 말해 보세요. 최소 2회 이상 반복하세요.

1회☐ 2회☐ 3회☐ 4회☐ 5회☐

Step4
Shadowing2

지문을 보지 않고 음원만 들으면서 성우의 발음과 억양을 흉내 내어 동시에 따라서 말해 보세요. 최소 2회 이상 반복하고, 성우의 말하는 속도에 맞출 수 있을 때까지 가능한 한 많이 연습하면 좋습니다.

1회 ☐   2회 ☐   3회 ☐   4회 ☐   5회 ☐

Step5
Recording

앞에 나왔던 본문 지문을 읽으며 스마트폰으로 녹음해 보세요. 성대모사를 한다고 생각하고 성우의 발음과 억양을 최대한 흉내 내어야 합니다. 녹음 완료 후 성우와 자신의 음성 파일을 비교하며 개선할 점을 적어 보세요.

Day 13
헬스클럽에서 자연스럽게 말 걸기

Step 1
🎧 Listening

책의 지문을 보지 말고 이 챕터의 음원 파일을 2회 이상 귀 기울여 들어 보세요. 성우의 발음이 잘 들릴 때까지 반복해서 많이 들을수록 리스닝 실력이 향상됩니다.

1회☐　2회☐　3회☐　4회☐　5회☐

Step2 Reading

다음 지문을 읽고, 모르는 단어와 표현은 우측 페이지의 영어로 된 정의를 참고하세요.

Jordan   Are you done with those **dumbbells**?

Keira   Yes, I am. They're all yours.

Jordan   Thanks. I hope I'm not interrupting your routine, but can you show me how you just did that dumbbell exercise?

Keira   You mean, the dumbbell row?

Jordan   Is that what you call it? I'm kind of new at this.

Keira   Haha, you are a **newbie**, huh? I wouldn't call myself an expert, either, but I think I can show you how to do a dumbbell row.

Jordan   Thanks. That is so nice of you. By the way, I'm Jordan.

Keira   I'm Keira. Okay, so, first you just put one of your knees on the bench here, and **bend over**, then **curl** the dumbbell by bending your elbow.

Jordan   Is this the right way? Am I doing it correctly?

Keira   Great **posture**! Not bad for a beginner.

Jordan   Thanks a lot. I really appreciate your help. Is there any way I can **pay you back** for this?

Keira   Don't worry. It didn't **cause me any trouble**.

Jordan   No, I wouldn't feel right if I didn't pay you back. How about a cup of coffee?

Keira   Okay, okay, **if you insist**.

Key Expressions

- **dumbbell** (weightlifting) an exercising weight; a weight consisting of a short bar with a metal ball or disk at each end, gripped and lifted with the hands
- **newbie** someone who is new to a group, place, activity, etc.
- **bend over** to go from a straight position into a curved position as if to pick something up from the floor; to bend down at the waist
- **curl** to become or cause to become spiral-shaped or curved; to twist or roll (something, especially hair) into a coil; especially to perform an arm exercise with a dumbbell
- **posture** the position or attitude of a person's body
- **pay you back** to repay a favor, to return borrowed money
- **cause someone trouble** to cause someone to be in an unpleasant situation; to make someone suffer
- **if you insist** used as a response to agree to someone who demands or insists on something

Translation

Jordan: 그 아령 다 쓰셨나요?
Keira: 네, 가져가셔도 돼요.
Jordan: 고마워요. 운동하시는 데 제가 방해하는 건 아닌지 모르겠지만, 혹시 방금 하신 아령 운동 어떻게 하는 건지 방법 좀 알려 주실 수 있나요?
Keira: 아령 노젓기 말씀이신가요?
Jordan: 그걸 그렇게 부르나요? 제가 좀 초짜라서요.
Keira: 하하, 신참이시군요, 그죠? 저도 뭐 전문가는 아니지만, '아령 노젓기'를 어떻게 하는지 정도는 알려 드릴 수 있을 것 같아요.
Jordan: 고마워요. 좋으신 분이네요. 아 참, 저는 조던이라고 해요.

Keira: 전 키이라예요. 좋아요. 그럼, 일단 여기 벤치에 한쪽 무릎을 올리고, 팔꿈치를 구부리면서 아령을 들어 올리세요.
Jordan: 이렇게 하면 되는 건가요? 제가 제대로 하고 있는 거 맞나요?
Keira: 자세 좋은데요! 초보자치고는 나쁘지 않아요.
Jordan: 정말 고마워요. 도와주셔서 정말 감사해요. 제가 혹시 보답할 방법은 없을까요?
Keira: 신경 안 쓰셔도 돼요. 별것도 아닌데요 뭘.
Jordan: 아니에요, 보답을 안 해드리면 제가 마음이 불편해서 그래요. 커피 한 잔은 어떨까요?
Keira: 알았어요, 알았어요. 정 그러시다면요.

Step3 Shadowing 1

지문을 보고 음원을 들으면서 성우의 발음과 억양을 흉내 내어 동시에 따라서 말해 보세요. 최소 2회 이상 반복하세요.

1회☐ 2회☐ 3회☐ 4회☐ 5회☐

Step4
Shadowing2

지문을 보지 않고 음원만 들으면서 성우의 발음과 억양을 흉내 내어 동시에 따라서 말해 보세요. 최소 2회 이상 반복하고, 성우의 말하는 속도에 맞출 수 있을 때까지 가능한 한 많이 연습하면 좋습니다.

1회☐　2회☐　3회☐　4회☐　5회☐

Step5
Recording

앞에 나왔던 본문 지문을 읽으며 스마트폰으로 녹음해 보세요. 성대모사를 한다고 생각하고 성우의 발음과 억양을 최대한 흉내 내어야 합니다. 녹음 완료 후 성우와 자신의 음성 파일을 비교하며 개선할 점을 적어 보세요.

Day 14
살 빼려는 여자, 말리는 남자

Step 1
Listening

책의 지문을 보지 말고 이 챕터의 음원 파일을 2회 이상 귀 기울여 들어 보세요. 성우의 발음이 잘 들릴 때까지 반복해서 많이 들을수록 리스닝 실력이 향상됩니다.

1회 ☐   2회 ☐   3회 ☐   4회 ☐   5회 ☐

Step2 Reading

다음 지문을 읽고, 모르는 단어와 표현은 우측 페이지의 영어로 된 정의를 참고하세요.

Lincoln How about Chinese for dinner?

Stella Sorry, **no can do**.

Lincoln Why not?

Stella Gotta lose weight. Chinese food is very **fattening**.

Lincoln Lose weight again? Don't you think that's a little too much? You are already skinny.

Stella You don't understand because you are a guy. I need to lose weight in my **thighs**. They are too big.

Lincoln **Give me a break!** Your thighs are not big, **if anything**, they are too thin.

Stella I'm not listening to you. You are not telling me the truth. You never tell me the truth!

Lincoln I like thighs that look healthy, not like chopsticks.

Stella Guys always say that, but the truth is they only like skinny girls.

Lincoln Why are you so **obsessed** with losing weight? You are almost hysterical when it comes to weight issues.

Stella Hysterical? Is that how you describe me? How can you call your girlfriend hysterical?

Lincoln Hey, calm down! You're **losing it**.

Stella Okay, I'll calm down. But I'm definitely not having Chinese for dinner. And apologize to me for calling me hysterical!

Key Expressions

- **no can do** it's impossible; I can't do it; it cannot be done.
- **fatten** to grow fat or fatter; to make fat
- **thigh** the fleshy back and inside part of the leg between the hip and knee
- **Give me a break!** used as an exclamation meaning "Give me another chance!" or "That is enough. Stop it!" or "That's ridiculous. I don't believe you."
- **if anything** used in statements meaning "it is rather A than B", for example, "If anything, the situation is worsening rather than improving." or "If anything, we have too much money rather than too little."
- **obsessed** unable to stop thinking about something; overly interested in or worried about something, to the point of being unhealthy
- **lose it** to get very angry; to lose control; to lose one's temper

Translation

Lincoln: 저녁으로 중국 음식 어때?
Stella: 미안하지만, 안 되겠어.
Lincoln: 왜 안 돼?
Stella: 살 빼야 해. 중국 음식 먹으면 살쪄.
Lincoln: 살을 또 뺀다고? 좀 심한 거 아니니? 넌 이미 말랐다고.
Stella: 넌 남자라서 이해 못해. 나 허벅지 살 빼야 돼. 허벅지가 너무 튼실해.
Lincoln: 제발 좀! 너 허벅지 안 뚱뚱해, 오히려 너무 마른 편이야.
Stella: 네 얘기 안 들을래. 넌 진실을 말해 주지 않거든. 넌 한 번도 진실을 말한 적이 없어!
Lincoln: 난 건강해 보이는 허벅지가 좋아, 젓가락 같은 허벅지는 별로야.
Stella: 남자들은 항상 그런 식으로 말하지, 하지만 진실은 남자들은 마른 여자만 좋아한다는 거지.
Lincoln: 너 왜 이렇게 살 빼는 거에 집착하니? 넌 몸무게에 관해서는 좀 병적으로 히스테리가 있는 것 같아.
Stella: 히스테리라고? 나에 대해 어떻게 그렇게 말할 수 있어? 어떻게 여자친구를 보고 히스테리가 있다고 말할 수 있냐고?
Lincoln: 야, 진정해! 너 너무 흥분하고 있어.
Stella: 알았어, 진정할게. 하지만 난 절대 중국 음식은 안 먹을 거야. 그리고 히스테리 있다고 말한 거 사과해!

Step3 Shadowing1

지문을 보고 음원을 들으면서 성우의 발음과 억양을 흉내 내어 동시에 따라서 말해 보세요. 최소 2회 이상 반복하세요.

1회☐ 2회☐ 3회☐ 4회☐ 5회☐

Step4
Shadowing2

지문을 보지 않고 음원만 들으면서 성우의 발음과 억양을 흉내 내어 동시에 따라서 말해 보세요. 최소 2회 이상 반복하고, 성우의 말하는 속도에 맞출 수 있을 때까지 가능한 한 많이 연습하면 좋습니다.

1회☐   2회☐   3회☐   4회☐   5회☐

Step5
Recording

앞에 나왔던 본문 지문을 읽으며 스마트폰으로 녹음해 보세요. 성대모사를 한다고 생각하고 성우의 발음과 억양을 최대한 흉내 내어야 합니다. 녹음 완료 후 성우와 자신의 음성 파일을 비교하며 개선할 점을 적어 보세요.

Day 15
맨날 늦는 남자친구

Step 1
Listening

책의 지문을 보지 말고 이 챕터의 음원 파일을 2회 이상 귀 기울여 들어 보세요. 성우의 발음이 잘 들릴 때까지 반복해서 많이 들을수록 리스닝 실력이 향상됩니다.

1회☐ 2회☐ 3회☐ 4회☐ 5회☐

Step2 Reading

다음 지문을 읽고, 모르는 단어와 표현은 우측 페이지의 영어로 된 정의를 참고하세요.

Blake	I'm sorry for being late. There was a traffic jam.
Eva	Traffic again? Is there ever no traffic in Seoul?
Blake	Why so **cranky**, baby?
Eva	Don't try to be cute! I'm not falling for that.
Blake	You know how I'm always late. Aren't you used to it yet?
Eva	How can you be so **impudent**? Are you saying that you have done nothing wrong?
Blake	No, that's not what I'm saying. I said I was sorry. I'm just asking you to be a little more understanding.
Eva	Blake, you need to grow up. I'm worried about your future. I mean, it's one thing to be late when you meet me, but it's quite another to be late for work or an important meeting.
Blake	Hi, Mom, I didn't know you were here.
Eva	Hey, I'm not joking around. I'm **dead serious**.
Blake	I know you are. That's why you need to **loosen up** a little.
Eva	I'm really sick of fighting with you every time we get together because you are late. Would it be too much if I asked you not to be late ever again?
Blake	Okay! I'll try not to be late ever again.

Key Expressions

- **cranky** not in a good mood; easily irritated
- **impudent** improperly bold or shameless; exhibiting a lack of respect; rude
- **dead serious** very serious; used when emphasizing the intensity of one's seriousness
- **loosen up** relax; to become loose or relaxed

Translation

Blake: 늦어서 미안해. 차가 엄청 막혔어.
Eva: 또 차가 막혔다고? 서울에 차 안 막히는 날이 한 번이라도 있었니?
Blake: 왜 이리 까칠해, 자기야?
Eva: 귀여운 척 하지 마! 나 그런 거에 안 넘어가.
Blake: 나 원래 항상 늦는 거 알잖아. 아직도 익숙해 지지 않았어?
Eva: 너 어쩜 그렇게 뻔뻔할 수가 있니? 지금 네가 잘못한 게 하나도 없다는 거야?
Blake: 아니, 내 말은 그게 아니야. 미안하다고 했잖아. 네가 조금만 더 이해해 달라는 얘기야.

Eva: 블레이크, 넌 철 좀 들어야 돼. 네 앞날이 걱정 돼서 그래. 그러니까 내 말은, 날 만날 때 늦는 건 괜찮을지 모르지만, 나중에 직장에 늦거나 중요한 미팅에 늦게 되면 그건 문제잖아.
Blake: 안녕, 엄마, 여기 계셨는지 몰랐어요.
Eva: 야, 농담하는 거 아냐. 나 완전 진지해.
Blake: 알아. 그러니까 힘 좀 빼라고.
Eva: 너랑 만날 때마다 네가 늦어서 싸우는 것도 이제 지쳐. 다시는 제발 늦지 말아 달라고 부탁하면 너무 무리한 부탁일까?
Blake: 알았어! 다시는 늦지 않도록 노력할게.

Step3 Shadowing1

지문을 보고 음원을 들으면서 성우의 발음과 억양을 흉내 내어 동시에 따라서 말해 보세요. 최소 2회 이상 반복하세요.

1회 ☐　2회 ☐　3회 ☐　4회 ☐　5회 ☐

Step4
Shadowing2

지문을 보지 않고 음원만 들으면서 성우의 발음과 억양을 흉내 내어 동시에 따라서 말해 보세요. 최소 2회 이상 반복하고, 성우의 말하는 속도에 맞출 수 있을 때까지 가능한 한 많이 연습하면 좋습니다.

1회☐　2회☐　3회☐　4회☐　5회☐

Step5
Recording

앞에 나왔던 본문 지문을 읽으며 스마트폰으로 녹음해 보세요. 성대모사를 한다고 생각하고 성우의 발음과 억양을 최대한 흉내 내어야 합니다. 녹음 완료 후 성우와 자신의 음성 파일을 비교하며 개선할 점을 적어 보세요.

Day 16

마마보이 같은
남자친구

Step 1
🎧 Listening

책의 지문을 보지 말고 이 챕터의 음원 파일을 2회 이상 귀 기울여 들어 보세요. 성우의 발음이 잘 들릴 때까지 반복해서 많이 들을수록 리스닝 실력이 향상됩니다.

1회☐　2회☐　3회☐　4회☐　5회☐

Step2 Reading

다음 지문을 읽고, 모르는 단어와 표현은 우측 페이지의 영어로 된 정의를 참고하세요.

Leo	What's the time?

Adeline	It's **ten past eight**.

Leo	Already? Oh, my God, I have to call my mom.

Adeline	Why? Do you have a **curfew**?

Leo	Yes, I do. I have to be home by 9.

Adeline	Wow, that's early.

Leo	**I couldn't agree with you more.**

Adeline	By the way, you still have 50 minutes left. I don't think you need to call your mom.

Leo	The curfew is at 9, but if I don't get back home by 8, my mom starts to get a little **antsy**.

Adeline	So, every time we go out, you are going to be calling your mom at 8 and I have to listen to you talking to your mom like a **mama's boy**?

Leo	Hey, that's a little **over the line**. I'm not a mama's boy!

Adeline	You sound like one to me, and you certainly act like one.

Leo	Being nice to your mom doesn't make you a mama's boy. It seems like you are committing a **fallacy of generalization**. And it doesn't matter what you say. I am calling my mom right now and I am not a mama's boy.

Adeline	Okay, your mama's waiting for your call, tough guy.

Key Expressions

- **ten past eight(A past B)** used when referring to a time that is A minutes after B o'clock
- **curfew** a rule that after a specific time certain activities (such as being in the streets or outside) are not allowed
- **I couldn't agree with you more.** to completely agree with someone
- **antsy** nervous; anxious; impatient; restless
- **mama's boy** a boy or man overly close to or dependent on his mother
- **over the line** to go beyond what is acceptable
- **fallacy of generalization** an error in reasoning that occurs when someone speaks of something too generally

Translation

Leo: 몇 시니?
Adeline: 8시 10분.
Leo: 벌써? 오, 이런, 엄마한테 전화해야 돼.
Adeline: 왜? 너 통금 있니?
Leo: 응, 있어. 난 9시까지 집에 들어가야만 해.
Adeline: 우와, 심하게 이른 시간이네.
Leo: 내 말이.
Adeline: 근데, 아직 50분이나 남았어. 엄마한테 전화 안 해도 되겠는걸.
Leo: 통금 시간은 9시지만 8시까지 안 들어가면 엄마가 불안해하기 시작해서.
Adeline: 그래서, 우리가 놀러 나갈 때마다 8시에 넌 엄마한테 전화할 거고 난 네가 마마보이처럼 너희 엄마랑 통화하는 걸 듣고 있어야 한다는 거니?
Leo: 야, 너 말이 좀 심하다. 나 마마보이가 아냐!
Adeline: 네가 말하는 게 마마보이 같이 들려. 그리고 너 행동하는 것도 딱 마마보이야.
Leo: 엄마에게 잘한다고 다 마마보이인 건 아냐. 넌 일반화의 오류를 범하고 있는 것 같아. 그리고 네가 뭐라고 하든 상관없어. 난 지금 우리 엄마에게 전화할 거고, 난 마마보이가 아냐.
Adeline: 그래, 너희 마마가 전화 기다리시겠구나, 터프 가이야.

Step3 Shadowing1

지문을 보고 음원을 들으면서 성우의 발음과 억양을 흉내 내어 동시에 따라서 말해 보세요. 최소 2회 이상 반복하세요.

1회☐   2회☐   3회☐   4회☐   5회☐

Step4
Shadowing2

지문을 보지 않고 음원만 들으면서 성우의 발음과 억양을 흉내 내어 동시에 따라서 말해 보세요. 최소 2회 이상 반복하고, 성우의 말하는 속도에 맞출 수 있을 때까지 가능한 한 많이 연습하면 좋습니다.

1회 ☐   2회 ☐   3회 ☐   4회 ☐   5회 ☐

Step5
Recording

앞에 나왔던 본문 지문을 읽으며 스마트폰으로 녹음해 보세요. 성대모사를 한다고 생각하고 성우의 발음과 억양을 최대한 흉내 내어야 합니다. 녹음 완료 후 성우와 자신의 음성 파일을 비교하며 개선할 점을 적어 보세요.

Day 17

집착이 강한 여자친구

Step 1
Listening

책의 지문을 보지 말고 이 챕터의 음원 파일을 2회 이상 귀 기울여 들어 보세요. 성우의 발음이 잘 들릴 때까지 반복해서 많이 들을수록 리스닝 실력이 향상됩니다.

1회☐ 2회☐ 3회☐ 4회☐ 5회☐

Step2 Reading

다음 지문을 읽고, 모르는 단어와 표현은 우측 페이지의 영어로 된 정의를 참고하세요.

Adrian   Were you **going through** my phone?

Eliana   Am I not allowed to?

Adrian   Honey, you are not supposed to go through other people's personal things.

Eliana   But I'm your girlfriend. Aren't we supposed to share everything?

Adrian   Yes, but this is private stuff. We should respect each other's privacy.

Eliana   But I want to know everything about you because I love you. Is that too much to ask for?

Adrian   I love you too, honey. By the way, how did you know the password to unlock my phone?

Eliana   It was very easy to figure out because you always use your birth date as the password.

Adrian   **Darn it**, I should never use my birth date as the password, ever again. So, did you find anything **suspicious** in my phone?

Eliana   No, nothing at all. You are **as clean as they come**.

Adrian   I told you the only girl I know and care about is you.

Eliana   Adrian, you are so sweet! By the way, why are there so many Johns in your **phone directory**?

Adrian   Why do you think?

Eliana   You didn't, by any chance, put all the girls' names as John?

Adrian   Oops, **busted**!

Key Expressions

- **go through** to search through
- **darn it** damn it; used as an exclamation to express the feeling of surprise or unpleasantness
- **suspicious** doubtful; distrustful
- **as (something) as they come** as (something) as possible; as much of a particular characteristic as is possible
- **phone directory** a directory or a list containing an alphabetical list of telephone numbers of a group of people
- **busted** caught while doing something wrong

Translation

Adrian: 너 내 휴대폰 훔쳐보고 있는 중이었니?
Eliana: 그러면 안 되는 건가?
Adrian: 자기야, 원래 다른 사람의 개인 물건을 뒤지고 그러면 안 되는 거야.
Eliana: 하지만 난 자기 여자친구잖아. 우린 모든 걸 다 나눠야 하는 사이 아냐?
Adrian: 맞아, 하지만 이건 사적인 거잖아. 서로의 사생활은 존중해 줘야지.
Eliana: 하지만 난 자기에 대한 모든 것을 알고 싶어, 왜냐하면 사랑하니까. 내가 너무 많은 걸 요구하는 건가?
Adrian: 자기야, 나도 자기 사랑해, 근데 내 휴대폰 비밀번호는 어떻게 알았어?
Eliana: 그거 알아내기 쉽던데. 왜냐하면 자기는 항상 자기 생일을 비밀번호로 사용하니까.
Adrian: 오 이런, 다시는 내 생일을 비밀번호로 사용하면 안 되겠군, 절대 다시는. 그래서 내 휴대폰에서 뭔가 의심스러울 만한 걸 찾기는 했어?
Eliana: 아니, 전혀. 자기는 완벽할 정도로 결백하네.
Adrian: 내가 그랬잖아, 내가 아는 여자, 그리고 좋아하는 여자는 자기밖에 없다고.
Eliana: 애드리안, 자기는 정말 다정해! 근데, 자기 전화번호 목록에 '존'이라는 이름이 왜 그렇게 많은 거야?
Adrian: 왜 그럴 것 같니?
Eliana: 설마 자기, 모든 여자 이름을 다 '존'이라고 해 놓은 건 아니지?
Adrian: 앗, 딱 걸렸네!

Step3 Shadowing1

지문을 보고 음원을 들으면서 성우의 발음과 억양을 흉내 내어 동시에 따라서 말해 보세요. 최소 2회 이상 반복하세요.

1회☐ 2회☐ 3회☐ 4회☐ 5회☐

Step4
Shadowing2

지문을 보지 않고 음원만 들으면서 성우의 발음과 억양을 흉내 내어 동시에 따라서 말해 보세요. 최소 2회 이상 반복하고, 성우의 말하는 속도에 맞출 수 있을 때까지 가능한 한 많이 연습하면 좋습니다.

1회☐　2회☐　3회☐　4회☐　5회☐

Step5
Recording

앞에 나왔던 본문 지문을 읽으며 스마트폰으로 녹음해 보세요. 성대모사를 한다고 생각하고 성우의 발음과 억양을 최대한 흉내 내어야 합니다. 녹음 완료 후 성우와 자신의 음성 파일을 비교하며 개선할 점을 적어 보세요.

Day 18

걸핏하면 회사를 관두는 남자친구

Step 1
🎧 Listening

책의 지문을 보지 말고 이 챕터의 음원 파일을 2회 이상 귀 기울여 들어 보세요. 성우의 발음이 잘 들릴 때까지 반복해서 많이 들을수록 리스닝 실력이 향상됩니다.

1회 ☐   2회 ☐   3회 ☐   4회 ☐   5회 ☐

Step2 Reading

다음 지문을 읽고, 모르는 단어와 표현은 우측 페이지의 영어로 된 정의를 참고하세요.

Miles   I am quitting my job.

Violet   Why do you want to quit your job again? Is it because of your **bossy** and **inconsiderate** boss, by any chance?

Miles   How did you know that? That's exactly why I'm quitting.

Violet   How did I know that? That's the same reason you quit your other two jobs in the past 6 months. Is there any way you could try to **put up with** your boss being a little bossy?

Miles   No way! How can I put up with that? You should see him for yourself. He's bossy beyond belief.

Violet   Miles, I don't know what to say any more. But **one of these days**, you are going to have to learn how to **cope with** the difficulties you face in life.

Miles   I don't like that **condescending** tone in your voice.

Violet   No, I'm just trying really hard to **make a better person out of you**.

Miles   Come on, Violet. Aren't you my girlfriend? A girlfriend is supposed to be on my side no matter what.

Violet   No, a girlfriend is supposed to be honest about how she feels about her boyfriend and give him sincere advice **when the time comes**.

Key Expressions

- **bossy** to describe a person who habitually tells others what to do or order others around
- **inconsiderate** thoughtless of others; not caring for others
- **put up with** to tolerate or endure someone or something; to try not to be upset with an unpleasant person or situation
- **one of these days** some time in the near future
- **cope with** to deal with or face responsibilities or difficulties
- **condescending** to treat other people as if they were a child or below oneself; to talk down to someone
- **make a better person out of someone** to do or try something to make someone a better person than they are now
- **when the time comes** when something needs to be done; when it is necessary to do so

Translation

Miles: 나 회사 그만둘 거야.
Violet: 너 도대체 왜 또 회사를 그만두겠다는 거니? 혹시 부하 직원을 하인 대하듯 하고 배려심 없다는 그 상사 때문에 그러는 거니?
Miles: 어떻게 알았어? 바로 그것 때문에 그만두려고 하는 거야.
Violet: 내가 어떻게 알았냐고? 네가 지난 6개월 동안 두 번씩이나 회사를 관둔 이유가 바로 똑같은 이유 때문이었잖아. 너희 상사가 상사 노릇 좀 하는 걸 참고 견딜 수 있는 방법은 없을까?
Miles: 말도 안 돼! 그걸 어떻게 참아? 네가 직접 봐야 안다니까. 정말 믿기지 않을 정도로 심하게 부려먹는다고.

Violet: 마일스, 더 이상 뭐라 말해 줘야 좋을지 모르겠다. 하지만 언젠가는 너도 살면서 맞닥뜨리게 될 힘든 문제를 잘 감당해 낼 수 있는 법을 배워야만 할 거야.
Miles: 나를 어린애 취급하는 듯한 너의 그 말투는 좀 거슬려.
Violet: 그런 거 아냐. 난 그저 널 좀 더 나은 사람으로 변화시키고자 노력하고 있을 뿐이야.
Miles: 야, 바이올렛. 너 내 여자친구 아니니? 여자친구는 원래 그 어떤 상황에서도 내 편을 들어 줘야 하는 거잖아.
Violet: 아니, 원래 여자친구는 남자친구에 대해서 어떻게 생각하는지 솔직하게 얘기해 주고 꼭 필요할 때는 진심 어린 조언도 해 줘야 하는 거야.

Step3 Shadowing1

지문을 보고 음원을 들으면서 성우의 발음과 억양을 흉내 내어 동시에 따라서 말해 보세요. 최소 2회 이상 반복하세요.

1회 ☐   2회 ☐   3회 ☐   4회 ☐   5회 ☐

Step4
Shadowing2

지문을 보지 않고 음원만 들으면서 성우의 발음과 억양을 흉내 내어 동시에 따라서 말해 보세요. 최소 2회 이상 반복하고, 성우의 말하는 속도에 맞출 수 있을 때까지 가능한 한 많이 연습하면 좋습니다.

1회☐　2회☐　3회☐　4회☐　5회☐

Step5
Recording

앞에 나왔던 본문 지문을 읽으며 스마트폰으로 녹음해 보세요. 성대모사를 한다고 생각하고 성우의 발음과 억양을 최대한 흉내 내어야 합니다. 녹음 완료 후 성우와 자신의 음성 파일을 비교하며 개선할 점을 적어 보세요.

Day 19

고시에 합격하고 배신하는 남자

Step 1
Listening

책의 지문을 보지 말고 이 챕터의 음원 파일을 2회 이상 귀 기울여 들어 보세요. 성우의 발음이 잘 들릴 때까지 반복해서 많이 들을수록 리스닝 실력이 향상됩니다.

1회☐　2회☐　3회☐　4회☐　5회☐

Step2 Reading

다음 지문을 읽고, 모르는 단어와 표현은 우측 페이지의 영어로 된 정의를 참고하세요.

Hudson   Have you ever felt like **something is missing** in our relationship?

Rose   No, I have never felt that way. I'm truly happy when I'm with you. But why do you ask that kind of question **all of a sudden**?

Hudson   Because I've always felt like something was missing between you and me.

Rose   Honey, you are scaring me. What is it that you think is missing between us?

Hudson   Love. True love.

Rose   What? I love you! Are you saying you don't love me anymore?

Hudson   Well, let me be completely honest with you. I think the only reason you became my girlfriend **in the first place** is because you thought I was smart enough to pass the national bar exam and become a successful lawyer.

Rose   Where in the world did you get that idea? I'm not the type of person who is only **after money** or success.

Hudson   Every girl says that they don't care about money or success, but they are all lying. And so are you. **To cut it short**, I want to end this relationship.

Rose   Go to hell, you jerk!

Key Expressions

- **something is missing** used when someone feels as if something that is supposed to be there isn't there
- **all of a sudden** suddenly; very quickly and unexpectedly
- **in the first place** in the beginning; from the very beginning; before anything else
- **after money** to live in a way such that money is the only important thing in one's life; pursue money; chase money
- **to cut it short** to get right to the point

Translation

Hudson: 넌 우리의 관계에 뭔가 빠진 것 같다는 기분이 든 적 없니?
Rose: 아니, 그런 적 없는데. 난 자기랑 같이 있으면 진심으로 행복해. 근데 왜 갑자기 그런 질문을 하는 거야?
Hudson: 왜냐하면 난 늘 너와 내 사이에 뭔가 빠진 것 같다는 기분이 들거든.
Rose: 자기야, 겁나게 왜 그래. 우리 사이에 빠진 게 뭐라고 생각하는데?
Hudson: 사랑. 진정한 사랑.
Rose: 뭐야? 난 자기 사랑해! 자기는 날 더 이상 사랑하지 않는다는 거야?

Hudson: 음, 내가 정말 솔직하게 얘기해 줄게. 내 생각엔 애초부터 네가 나의 여자친구가 된 유일한 이유는 내가 사법고시에 합격할 만큼 똑똑해서 결국 법조인이 될 거라고 생각했기 때문이야.
Rose: 도대체 왜 그런 생각을 하는 거야? 난 돈이나 성공을 좇아서 사는 그런 종류의 인간이 아니야.
Hudson: 모든 여자들이 돈이나 성공에는 관심 없다고 얘기하지, 하지만 다들 거짓말하는 거야. 그리고 너도 마찬가지고. 거두절미하고, 난 너와의 관계를 끝내고 싶어.
Rose: 지옥에나 떨어져라, 이 나쁜 놈아!

Step3 Shadowing1

지문을 보고 음원을 들으면서 성우의 발음과 억양을 흉내 내어 동시에 따라서 말해 보세요. 최소 2회 이상 반복하세요.

1회☐ 2회☐ 3회☐ 4회☐ 5회☐

Step4
Shadowing2

지문을 보지 않고 음원만 들으면서 성우의 발음과 억양을 흉내 내어 동시에 따라서 말해 보세요. 최소 2회 이상 반복하고, 성우의 말하는 속도에 맞출 수 있을 때까지 가능한 한 많이 연습하면 좋습니다.

1회☐   2회☐   3회☐   4회☐   5회☐

Step5
Recording

앞에 나왔던 본문 지문을 읽으며 스마트폰으로 녹음해 보세요. 성대모사를 한다고 생각하고 성우의 발음과 억양을 최대한 흉내 내어야 합니다. 녹음 완료 후 성우와 자신의 음성 파일을 비교하며 개선할 점을 적어 보세요.

Day 20

바람둥이 여자친구

Step 1
🎧 Listening

책의 지문을 보지 말고 이 챕터의 음원 파일을 2회 이상 귀 기울여 들어 보세요. 성우의 발음이 잘 들릴 때까지 반복해서 많이 들을수록 리스닝 실력이 향상됩니다.

1회☐   2회☐   3회☐   4회☐   5회☐

Step2 Reading

다음 지문을 읽고, 모르는 단어와 표현은 우측 페이지의 영어로 된 정의를 참고하세요.

Cooper   Where were you last night? I tried to **get hold of** you all night.

Maria   Oh, I went to bed early. I told you that I was tired from studying extra hard for the exam.

Cooper   You are a liar! Dave told me that he saw you at a club last night having fun with another man.

Maria   Okay, I admit that I was at a club last night. But that's only because you never go clubbing with me.

Cooper   **That's no excuse!** And it's not just last night that you were **spotted** with another guy. Pat told me that he saw you at the movies with a guy in a suit. **What's up with that?**

Maria   Oh, he's just my brother's classmate. Don't worry. There's nothing going on between us.

Cooper   Lately, I'm starting to get the feeling that you may be **cheating on** me.

Maria   Cooper, I may be seeing other guys **from time to time**, but I would never cheat on you.

Cooper   You are not supposed to see other guys from time to time when you have a boyfriend.

Maria   I thought you would understand occasional **flings**. I thought you were different from other guys, Cooper.

Cooper   You are just impossible!

Key Expressions

- **get hold of** to get in touch with; to communicate with, as by phone; find
- **That's no excuse!** That cannot be used as an excuse; That excuse is not acceptable.
- **spot** to witness; to see
- **What's up with that?** What's the reason you are doing that?; What's going on with that?; Tell me about or explain that.
- **cheat on** to sleep with or have a relationship with someone other than one's girlfriend/boyfriend or spouse
- **from time to time** sometimes; once in a while; not often
- **fling** a brief, casual sexual or romantic relationship

Translation

Cooper: 어젯밤에 어디 있었니? 밤새 내가 계속 연락했었어.
Maria: 아, 일찍 잤어. 시험 때문에 평소보다 열심히 공부하느라고 피곤했다고 얘기했잖아.
Cooper: 거짓말쟁이! 데이브 너 다른 남자랑 클럽에서 희희덕거리면서 노는 거 봤다고 그러던데.
Maria: 좋아, 어젯밤에 클럽에 있었다는 거 인정해. 하지만 그건 네가 나랑 한 번도 클럽을 안 가서 그런 거야.
Cooper: 그게 무슨 이유야! 네가 다른 남자랑 같이 있는 걸 본 게 어젯밤만이 아니야. 팻이 그러는데 지난 번에는 어떤 양복 입은 남자랑 네가 영화관에 있는 걸 봤대. 그건 어떻게 된 거니?

Maria: 아, 그 사람은 우리 오빠 학교 친구야. 걱정 마. 그 사람하고 난 아무 사이도 아냐.
Cooper: 요즘엔, 아무래도 네가 바람피우는 것 같다는 느낌이 들어.
Maria: 쿠퍼, 내가 가끔씩 다른 남자들을 만나기는 하지만 절대 바람은 안 펴.
Cooper: 남자친구가 있는 사람은 원래 다른 남자들을 가끔씩 만나고 다니는 게 아냐.
Maria: 난 네가 가끔씩 불장난하는 것은 이해해 줄 거라 생각했어. 쿠퍼, 난 네가 다른 남자들하고 다를 줄 알았어.
Cooper: 너 정말 구제 불능이구나!

Step3 Shadowing1

지문을 보고 음원을 들으면서 성우의 발음과 억양을 흉내 내어 동시에 따라서 말해 보세요. 최소 2회 이상 반복하세요.

1회☐　2회☐　3회☐　4회☐　5회☐

Step4
Shadowing2

지문을 보지 않고 음원만 들으면서 성우의 발음과 억양을 흉내 내어 동시에 따라서 말해 보세요. 최소 2회 이상 반복하고, 성우의 말하는 속도에 맞출 수 있을 때까지 가능한 한 많이 연습하면 좋습니다.

1회☐　2회☐　3회☐　4회☐　5회☐

Step5
Recording

앞에 나왔던 본문 지문을 읽으며 스마트폰으로 녹음해 보세요. 성대모사를 한다고 생각하고 성우의 발음과 억양을 최대한 흉내 내어야 합니다. 녹음 완료 후 성우와 자신의 음성 파일을 비교하며 개선할 점을 적어 보세요.

Dictation

음원을 잘 듣고, 받아 적어 보세요.

1. _____

2. _____

3. _____

4. _____

5. _____

6. _____

7. _____

8. _____

9. _____

10. _____

★ **Answers**

1. Are you asking me out? **2.** You have good taste in fashion. **3.** Hey, don't be so melodramatic. **4.** Do I look like a player? I'm telling you the truth.
5. I'm a regular here. **6.** Great posture! Not bad for a beginner. **7.** Why are you so obsessed with losing weight? **8.** I'm sorry for being late. There was a traffic jam. **9.** I couldn't agree with you more. **10.** I don't like that condescending tone in your voice.

★ PART

3

친구

Day 21
지인의 친구와 인사하기

Step1
Listening

책의 지문을 보지 말고 이 챕터의 음원 파일을 2회 이상 귀 기울여 들어 보세요. 성우의 발음이 잘 들릴 때까지 반복해서 많이 들을수록 리스닝 실력이 향상됩니다.

1회☐   2회☐   3회☐   4회☐   5회☐

Step2 Reading

다음 지문을 읽고, 모르는 단어와 표현은 우측 페이지의 영어로 된 정의를 참고하세요.

Bailey **Have you guys met?** This is one of my best friends, Julia. And Julia, say hi to Christopher here. He's one of my co-workers.

Julia Hi, Christopher.

Christopher Hi, Julia. I've heard so much about you from Bailey. It's quite surprising that a woman like Bailey has an actual friend.

Julia Haha, you are funny. **From what I know**, Bailey actually has lots of friends. So, what's she like at work, Christopher?

Christopher When it comes to work, she's a **go-getter**. As a matter of fact, she works too hard. And by the way, you can call me Chris.

Julia Okay, Chris.

Christopher So, how long have you guys been friends for?

Julia We **go back a long way**. I've actually known her for almost my entire life.

Christopher Is that right? You guys must have lived in the same neighborhood as kids.

Julia Yeah, we even went to the same pre-school. We basically grew up together.

Christopher Wow, you must be really close then.

Julia Yes, we hang out together every weekend. Sometimes, even on weekdays.

Key Expressions

- **Have you (guys) met?** a question asked when introducing someone to someone else
- **from what I know** according to the information I have, probably; as far as I know; based upon what I know
- **go-getter** someone who is very energetic, eager, and determined to be successful
- **go back a long way** to know someone for a long time

Translation

Bailey: 둘이 인사 나눈 적 있니? 이쪽은 나의 제일 친한 친구 중 한 명인 줄리아야. 그리고 줄리아, 여기 크리스토퍼에게 인사해. 내 직장 동료야.
Julia: 안녕하세요, 크리스토퍼 씨.
Christopher: 안녕하세요. 줄리아 씨. 베일리한테 얘기 정말 많이 들었어요. 베일리 같은 여자한테도 실제 친구가 있었다는 게 좀 놀라운데요.
Julia: 하하, 재밌는 분이시네요. 제가 알기로는 베일리 친구 엄청 많아요. 그런데 베일리가 직장에서는 어떤데요, 크리스토퍼 씨?
Christopher: 베일리는 일에 관해서는 거침이 없어요. 솔직히 말하자면, 너무 심할 정도로 일을 열심히 해요. 그리고 참, 그냥 크리스라고 불러 주세요.

Julia: 네, 크리스 씨.
Christopher: 그래서 두 분은 친구로 지낸 지 얼마나 됐나요?
Julia: 엄청 오래됐어요. 거의 평생 동안 알고 지냈을 걸요.
Christopher: 그래요? 어렸을 때 같은 동네에서 사셨나 보네요.
Julia: 네, 유치원까지 같이 다녔는걸요. 거의 뭐 같이 컸다고 보면 돼요.
Christopher: 와, 그럼 둘이 진짜 친하겠네요.
Julia: 네, 주말마다 만나요. 어쩔 때는 주중에도 보고 그래요.

Step3 Shadowing1

지문을 보고 음원을 들으면서 성우의 발음과 억양을 흉내 내어 동시에 따라서 말해 보세요. 최소 2회 이상 반복하세요.

1회☐ 2회☐ 3회☐ 4회☐ 5회☐

Step4
Shadowing2

지문을 보지 않고 음원만 들으면서 성우의 발음과 억양을 흉내 내어 동시에 따라서 말해 보세요. 최소 2회 이상 반복하고, 성우의 말하는 속도에 맞출 수 있을 때까지 가능한 한 많이 연습하면 좋습니다.

1회☐ 2회☐ 3회☐ 4회☐ 5회☐

Step5
Recording

앞에 나왔던 본문 지문을 읽으며 스마트폰으로 녹음해 보세요. 성대모사를 한다고 생각하고 성우의 발음과 억양을 최대한 흉내 내어야 합니다. 녹음 완료 후 성우와 자신의 음성 파일을 비교하며 개선할 점을 적어 보세요.

Day 22

심심해서 친구에게 전화하기

Step 1
Listening

책의 지문을 보지 말고 이 챕터의 음원 파일을 2회 이상 귀 기울여 들어 보세요. 성우의 발음이 잘 들릴 때까지 반복해서 많이 들을수록 리스닝 실력이 향상됩니다.

1회☐   2회☐   3회☐   4회☐   5회☐

Step2 Reading

다음 지문을 읽고, 모르는 단어와 표현은 우측 페이지의 영어로 된 정의를 참고하세요.

Lynn   May I speak to Louis, please?

Louis   **Speaking.** Is this Lynn?

Lynn   Oh, it's you. I thought that was your dad.

Louis   Haha, I know. I get that a lot. People often can't tell the difference between me and my dad when we're on the phone.

Lynn   Seriously. You do totally sound like your dad.

Louis   So, what's up, Lynn?

Lynn   I'm **bored as hell**. You mind if I come over to your place?

Louis   Sorry, **now is not a good time**. My parents are home.

Lynn   Why don't you come out then? Let's hang out.

Louis   Like I told you, my parents are home. They wouldn't want me to go out at this time of the night.

Lynn   Hey, you are a grown-up. You can go out anytime you want.

Louis   Not really. My dad always tells me that as long as I live under his roof, I'll live under his rules.

Lynn   He's such an **old-fashioned** guy.

Louis   **What can I say?** I'm 30 years old but I have no job, therefore, no money. I have no choice but to listen to what he tells me to do.

Key Expressions

- **Speaking.** (phone conversation) I'm the person you are looking for; a statement meaning that he/she is the person the caller asked for
- **bored as hell** extremely bored; cannot bear the boredom anymore
- **now is not a good time** used when refusing to do something the other person asked; a polite way of saying 'no'
- **old-fashioned** not modern; outdated; having the conservative behavior, ways, ideas, or tastes of earlier times
- **What can I say?** I can't explain; I don't know what to say; I'm speechless; What do you expect me to say?

Translation

Lynn: 루이스와 통화할 수 있을까요?
Louis: 제가 루이스인데요. 린이니?
Lynn: 아, 너였구나. 난 너희 아빠인 줄 알았어.
Louis: 하하, 그런 것 같더라. 그런 말 자주 듣거든. 사람들이 전화상으로는 우리 아빠 목소리하고 내 목소리를 잘 구분 못 하더라고.
Lynn: 정말 그래. 너 진짜 너희 아빠하고 목소리가 똑같아.
Louis: 그런데 무슨 일이야, 린?
Lynn: 심심해서 죽을 지경이야. 너희 집에 놀러 가도 될까?
Louis: 미안. 지금은 좀 그래. 부모님이 계셔서.
Lynn: 그럼 네가 나올래? 같이 놀자.
Louis: 내가 지금 방금 말한 것처럼, 부모님이 집에 계셔. 내가 이렇게 밤늦게 나가면 안 좋아하실 거야.
Lynn: 야, 너 성인이야. 네 맘대로 외출해도 돼.
Louis: 아니 그렇지 않아. 우리 아빠는 늘 나한테 아빠와 집에서 같이 사는 한, 아빠가 정한 규칙을 따라야만 한다고 얘기하시거든.
Lynn: 정말 구식이시네.
Louis: 뭐 어쩌겠어? 내가 나이 서른인데 취직도 못 하고, 그래서 돈도 없는데. 아빠가 하라는 대로 하는 수밖에 선택의 여지가 없어.

Step3 Shadowing1

지문을 보고 음원을 들으면서 성우의 발음과 억양을 흉내 내어 동시에 따라서 말해 보세요. 최소 2회 이상 반복하세요.

1회☐   2회☐   3회☐   4회☐   5회☐

Step4
Shadowing2

지문을 보지 않고 음원만 들으면서 성우의 발음과 억양을 흉내 내어 동시에 따라서 말해 보세요. 최소 2회 이상 반복하고, 성우의 말하는 속도에 맞출 수 있을 때까지 가능한 한 많이 연습하면 좋습니다.

1회☐　2회☐　3회☐　4회☐　5회☐

Step5
Recording

앞에 나왔던 본문 지문을 읽으며 스마트폰으로 녹음해 보세요. 성대모사를 한다고 생각하고 성우의 발음과 억양을 최대한 흉내 내어야 합니다. 녹음 완료 후 성우와 자신의 음성 파일을 비교하며 개선할 점을 적어 보세요.

Day 23
잠수 타던 친구와 대화

Step 1
Listening

책의 지문을 보지 말고 이 챕터의 음원 파일을 2회 이상 귀 기울여 들어 보세요. 성우의 발음이 잘 들릴 때까지 반복해서 많이 들을수록 리스닝 실력이 향상됩니다.

1회☐ 2회☐ 3회☐ 4회☐ 5회☐

Step2 Reading

다음 지문을 읽고, 모르는 단어와 표현은 우측 페이지의 영어로 된 정의를 참고하세요.

Samantha   Where have you been **hibernating**? Everyone was so worried about you.

Ian   I just needed some time alone.

Samantha   Ian, if you are **going through a difficult time**, you should've at least told me. I thought we were best friends.

Ian   I don't think I can talk to anyone about the problem I'm facing right now.

Samantha   Does this problem have something to do with me?

Ian   Why do you always think everything has to do with you?

Samantha   Because otherwise, why would you not be able to tell me what it is?

Ian   Don't worry. It's got nothing to do with you. And I hope we don't have to talk about this anymore.

Samantha   All right. **If you say so**.

Ian   Thanks.

Samantha   I'm really curious, though. What could it be? I don't have secrets with you and I think you shouldn't, either.

Ian   Please!

Samantha   Why don't you just tell me what it is? I won't tell anyone. **Mum's the word.**

Ian   **Drop the subject already!**

Key Expressions

- **hibernate** to be in an inactive state for a long period of time; to pass the winter in a condition similar to sleep
- **go through a difficult time** to experience hardship
- **if you say so** used as a reaction to someone's remark meaning "I don't agree with you but I'm not going to argue."
- **Mum's the word.** a promise not to reveal a secret
- **Drop the subject already!** Let's not talk about it anymore!; Stop talking about it!

Translation

Samantha: 너 어디에서 잠수 탔던 거니? 모두가 널 얼마나 걱정했다고.
Ian: 혼자만의 시간이 좀 필요했어.
Samantha: 이안, 힘든 일이 있으면 적어도 나한테는 얘기했어야지. 난 우리가 절친이라고 생각했는데.
Ian: 지금 내 문제는 누구한테 말해 줄 수 있는 그런 문제가 아니야.
Samantha: 혹시 그 문제라는 게 나하고 상관있는 거니?
Ian: 넌 대체 왜 모든 것이 너랑 관련이 있을 거라고 생각하는 거니?
Samantha: 그렇지 않다면 왜 나한테 얘기를 못 하는데?

Ian: 걱정 마. 너하고는 아무 상관없는 거니까. 이젠 이 얘기 좀 그만했으면 좋겠어.
Samantha: 그래. 네가 그러고 싶다면 그렇게 해야지.
Ian: 고마워.
Samantha: 근데 정말 궁금하긴 하다. 도대체 뭘까? 난 너한테 비밀이 없잖아, 그럼 너도 그래야 되는 거 아니니?
Ian: 야, 제발!
Samantha: 뭔지 나한테만 얘기해 줄래? 아무한테도 얘기 안 할게. 입 잠금!
Ian: 그만 좀 해라, 제발!

Step3 Shadowing1

지문을 보고 음원을 들으면서 성우의 발음과 억양을 흉내 내어 동시에 따라서 말해 보세요. 최소 2회 이상 반복하세요.

1회☐　2회☐　3회☐　4회☐　5회☐

Step4
Shadowing2

지문을 보지 않고 음원만 들으면서 성우의 발음과 억양을 흉내 내어 동시에 따라서 말해 보세요. 최소 2회 이상 반복하고, 성우의 말하는 속도에 맞출 수 있을 때까지 가능한 한 많이 연습하면 좋습니다.

1회☐ 2회☐ 3회☐ 4회☐ 5회☐

Step5
Recording

앞에 나왔던 본문 지문을 읽으며 스마트폰으로 녹음해 보세요. 성대모사를 한다고 생각하고 성우의 발음과 억양을 최대한 흉내 내어야 합니다. 녹음 완료 후 성우와 자신의 음성 파일을 비교하며 개선할 점을 적어 보세요.

Day 24
한국을 방문하는 친구

Step 1
Listening

책의 지문을 보지 말고 이 챕터의 음원 파일을 2회 이상 귀 기울여 들어 보세요. 성우의 발음이 잘 들릴 때까지 반복해서 많이 들을수록 리스닝 실력이 향상됩니다.

1회☐　2회☐　3회☐　4회☐　5회☐

Step2 Reading

다음 지문을 읽고, 모르는 단어와 표현은 우측 페이지의 영어로 된 정의를 참고하세요.

Peyton   I'm leaving for Seoul next week.

Alex   Really? Are you coming just to see me?

Peyton   Of course! Why else would I go there? You are the only person I know in Seoul.

Alex   Wow, I'm **flattered**. Give me the flight number and the arrival time, so I can pick you up.

Peyton   I know you are **super busy**, Alex. So you don't have to come to the airport.

Alex   No, I insist. I can **take a day off**. It's **not that big of a deal**.

Peyton   I've been to Seoul before. I know how to take the airport bus to the station near your place.

Alex   I wouldn't want you to do that. Just give me the flight information already. I'm going to be there for you.

Peyton   Okay, okay. My flight number is KL 1670. And I'll be arriving in Seoul on Thursday at 5 pm.

Alex   All right, I got it. Once you arrive here, **leave everything up to me**. And get ready to have some wild fun, mister.

Peyton   **Sounds like a plan.**

Alex   I **can't wait to see** you.

Peyton   Same here.

Key Expressions

- **flattered** pleased; delighted; honored
- **super busy** extremely busy
- **take a day off** to take a break or rest from work for one day
- **not that big of a deal** not a big issue; not important
- **leave everything up to me(leave x up to y)** let y handle the situation x; let the person handle everything
- **Sounds like a plan.** That sounds like a good plan; Sounds good; Let's do it.
- **can't wait to do something** to be very excited to do something; to be eager to do something

Translation

Peyton: 나 다음 주에 서울 갈 거야.
Alex: 정말? 오로지 나를 보려고 오는 거야?
Peyton: 당연하지! 안 그러면 내가 거길 왜 가겠어? 서울에 아는 사람은 너밖에 없는데.
Alex: 우와, 영광인걸. 비행기 번호하고 도착 시간 알려 줘, 데리러 갈 테니까.
Peyton: 알렉스, 너 엄청 바쁜 거 알아. 그러니까 공항에 일부러 나올 필요 없어.
Alex: 아냐, 그렇게 하자고. 하루 월차 내면 되니까 별로 힘든 일 아냐.
Peyton: 내가 서울이 초행이 아니잖니. 공항버스 타고 너희 집 근처 정류장에 어떻게 가는지 알아.
Alex: 내가 그렇게 하게 내버려 두겠니? 어서 비행 관련 정보나 줘. 데리러 갈 테니까.
Peyton: 알았다, 알았어. 비행기 번호는 KL1670이야. 그리고 서울 도착 시간은 목요일 오후 5시네.
Alex: 그래, 알겠어. 너 여기 오면 내가 다 알아서 할 거니까 와서 신나게 놀 준비나 하시라고, 이 친구야.
Peyton: 딱 좋은 계획일세.
Alex: 빨리 만났으면 좋겠다.
Peyton: 나도 그래.

Step3 Shadowing1

지문을 보고 음원을 들으면서 성우의 발음과 억양을 흉내 내어 동시에 따라서 말해 보세요. 최소 2회 이상 반복하세요.

1회☐   2회☐   3회☐   4회☐   5회☐

Step4
Shadowing2

지문을 보지 않고 음원만 들으면서 성우의 발음과 억양을 흉내 내어 동시에 따라서 말해 보세요. 최소 2회 이상 반복하고, 성우의 말하는 속도에 맞출 수 있을 때까지 가능한 한 많이 연습하면 좋습니다.

1회☐　2회☐　3회☐　4회☐　5회☐

Step5
Recording

앞에 나왔던 본문 지문을 읽으며 스마트폰으로 녹음해 보세요. 성대모사를 한다고 생각하고 성우의 발음과 억양을 최대한 흉내 내어야 합니다. 녹음 완료 후 성우와 자신의 음성 파일을 비교하며 개선할 점을 적어 보세요.

Day 25

어떤 타입이 좋아?

Step1
🎧 Listening

책의 지문을 보지 말고 이 챕터의 음원 파일을 2회 이상 귀 기울여 들어 보세요. 성우의 발음이 잘 들릴 때까지 반복해서 많이 들을수록 리스닝 실력이 향상됩니다.

1회☐   2회☐   3회☐   4회☐   5회☐

Step2 Reading

다음 지문을 읽고, 모르는 단어와 표현은 우측 페이지의 영어로 된 정의를 참고하세요.

Alyssa **What do you like in a girl?**

Nolan   You mean like, what type of girls do I like?

Alyssa Yeah, like do you prefer tall or short? Cute or hot? That kind of stuff.

Nolan   I like a girl who likes me.

Alyssa No. You know that's not what I'm asking for. Be more specific about her looks and personality and things like that.

Nolan   I'm not really sure what type of girls I like, but I know what I don't like.

Alyssa Okay, what is it?

Nolan   I don't like girls who are too **assertive** and **domineering**.

Alyssa Oh, so you like shy, **feminine** girls.

Nolan   If that's how you want to categorize them, I guess I do like those kinds of girls. How about you? What do you look for in a guy?

Alyssa A guy has to be muscular, smart, rich, at least 6 feet tall, and have a **sense of humor**.

Nolan   **Dream on**, Alyssa!

Alyssa Am I **overshooting** a little here?

Nolan   **That's an understatement.**

Key Expressions

- **What do you like in a girl/guy?** used when asking for someone's opinion on what characteristics of a person they find attractive; What qualities attract you?
- **assertive** confident and bold in claiming one's rights; confidently aggressive; forceful
- **domineering** tending to dictate; trying to control other people without considering their feelings
- **feminine** having or showing qualities are considered typical of women
- **sense of humor** the ability to understand and appreciate funny things and to be funny yourself
- **dream on** what you are hoping for is nothing but fantasy; what you want will not happen; to fantasize about something that is unrealistic
- **overshoot** to go over or beyond something; exceed
- **That's an understatement.** a response agreeing with the previous statement and expressing that in fact the truth could be stated even more strongly (sarcasm)

Translation

Alyssa: 넌 여자를 볼 때 어떤 면을 보니?
Nolan: 네 말은 그러니까, 내가 어떤 류의 여자를 좋아하느냐는 거지?
Alyssa: 응, 그러니까 키 큰 여자가 좋아, 작은 여자가 좋아? 귀여운 여자, 아니면 섹시한 여자? 그런 거 말이야.
Nolan: 난 날 좋아해 주는 여자가 좋더라.
Alyssa: 아니. 내가 원하는 건 그런 대답이 아니잖아. 외모나 성격이나 뭐 그런 것에 대해서 좀 더 구체적으로 말해 봐.
Nolan: 난 내가 어떤 류의 여자를 좋아하는지 잘 모르겠어, 하지만 내가 뭘 안 좋아하는지는 알아.
Alyssa: 좋아, 그게 뭔데?

Nolan: 난 너무 주장이 세거나 휘어잡으려는 스타일의 여자들은 싫어.
Alyssa: 아, 그러니까 넌 수줍음 많고 여성스러운 여자가 좋다는 거구나.
Nolan: 네가 그런 식으로 분류를 하고 싶다면, 뭐 그래, 난 그런 류의 여자가 좋아. 넌 어떤데? 넌 어떤 남자가 좋아?
Alyssa: 난 근육질에 똑똑하고, 돈도 많고, 키는 적어도 182는 넘고, 유머 감각이 있는 남자.
Nolan: 꿈꾸고 있구나, 엘리사!
Alyssa: 내가 좀 과했나?
Nolan: 조금 정도가 아닌 것 같은데.

Step3 Shadowing1

지문을 보고 음원을 들으면서 성우의 발음과 억양을 흉내 내어 동시에 따라서 말해 보세요. 최소 2회 이상 반복하세요.

1회☐   2회☐   3회☐   4회☐   5회☐

Step4
Shadowing2

지문을 보지 않고 음원만 들으면서 성우의 발음과 억양을 흉내 내어 동시에 따라서 말해 보세요. 최소 2회 이상 반복하고, 성우의 말하는 속도에 맞출 수 있을 때까지 가능한 한 많이 연습하면 좋습니다.

1회☐   2회☐   3회☐   4회☐   5회☐

Step5
Recording

앞에 나왔던 본문 지문을 읽으며 스마트폰으로 녹음해 보세요. 성대모사를 한다고 생각하고 성우의 발음과 억양을 최대한 흉내 내어야 합니다. 녹음 완료 후 성우와 자신의 음성 파일을 비교하며 개선할 점을 적어 보세요.

Day 26

여자친구가
생긴 친구

Step 1
Listening

책의 지문을 보지 말고 이 챕터의 음원 파일을 2회 이상 귀 기울여 들어 보세요. 성우의 발음이 잘 들릴 때까지 반복해서 많이 들을수록 리스닝 실력이 향상됩니다.

1회 ☐   2회 ☐   3회 ☐   4회 ☐   5회 ☐

Step2 Reading

다음 지문을 읽고, 모르는 단어와 표현은 우측 페이지의 영어로 된 정의를 참고하세요.

Penelope   I heard you have a new girlfriend.

Zachary   A new girlfriend? This is my first girlfriend ever.

Penelope   Are you serious? But you are so popular.

Zachary   Being popular **has nothing to do with** having a girlfriend.

Penelope   But **there are so many girls after you** all the time.

Zachary   Well, I have dated a lot of girls before but this girl is my first official girlfriend.

Penelope   Wow, congratulations! So, how did you meet her?
And **what is she like?**

Zachary   One of my friends **set me up with her** last Friday. We **hit it off** right away. She is just **flawless**.

Penelope   Oh, God. You must really be in love with her. Was it like **love at first sight**?

Zachary   I think it was. I'm really not the type of guy who believes in that kind of crap, but now I can't say that anymore.
I think we are meant to be.

Penelope   It sounds like you are **head over heels** in love with this woman.

Zachary   I hate to admit it but I think I am.

Penelope   Just like they say, love is magic.

Zachary   Man, I was with her only an hour ago and I already miss her.

Penelope   You are so madly in love with her. I can see it in your eyes.

Key Expressions

- **have nothing to do with** to have no connection, relationship, or influence with someone or something
- **there are so many girls after you** so many girls like you; so many girls are following you around
- **What is she like?** Can you tell me about her appearance, personality, etc.?
- **set someone up with someone else** make an arrangement for two people who do not know each other to meet or go on a date; blind date
- **hit it off** to quickly become friends with someone
- **flawless** perfect; being complete; without a flaw
- **love at first sight** falling in love with a person you just met; an immediate, strong attraction for someone upon first seeing him/her
- **head over heels** to be completely in love with someone

Translation

Penelope: 너 새 여자친구 생겼다며?
Zachary: 새 여자친구라고? 나 태어나서 처음으로 사귀는 여자친구야.
Penelope: 진짜로? 근데 넌 인기도 많은데 왜 그렇지.
Zachary: 인기 많은 거랑 여자친구 사귀는 거랑은 완전 별개야.
Penelope: 하지만 맨날 너 쫓아다니는 여자애들이 많잖아.
Zachary: 글쎄, 내가 여자애들하고 데이트는 많이 했었는데 공식적으로는 이번 여자친구가 내 평생 첫 여자친구야.
Penelope: 우와, 축하해! 그래서, 너희 어떻게 만난 거니? 여자친구는 어떤 애야?
Zachary: 지난주 금요일에 내 친구가 그녀와 소개팅을 시켜 줬어. 우린 만나자마자 바로 불이 붙었어. 그

녀는 정말이지 완벽해.
Penelope: 오, 맙소사. 너 정말로 사랑에 빠졌구나. 첫눈에 반한 거니?
Zachary: 그런 것 같아. 난 원래 그런 말도 안 되는 거 믿는 사람이 아닌데, 이젠 내가 그런 사람이라고 말할 수도 없게 됐네. 우린 아무래도 운명인 것 같아.
Penelope: 너 말하는 것 보니 콩깍지가 씌어도 제대로 씐 것 같구나.
Zachary: 인정하고 싶진 않지만 그런 것 같네.
Penelope: 뭇사람들이 말하듯, 마법과도 같은 것이 사랑이지.
Zachary: 이런, 그녀와 헤어진 지 한 시간밖에 안 됐는데 벌써 보고 싶네.
Penelope: 너 정말 심하게 빠졌구나. 네 눈만 봐도 알겠다.

Step3 Shadowing1

지문을 보고 음원을 들으면서 성우의 발음과 억양을 흉내 내어 동시에 따라서 말해 보세요. 최소 2회 이상 반복하세요.

1회 ☐   2회 ☐   3회 ☐   4회 ☐   5회 ☐

Step4
Shadowing2

지문을 보지 않고 음원만 들으면서 성우의 발음과 억양을 흉내 내어 동시에 따라서 말해 보세요. 최소 2회 이상 반복하고, 성우의 말하는 속도에 맞출 수 있을 때까지 가능한 한 많이 연습하면 좋습니다.

1회☐　2회☐　3회☐　4회☐　5회☐

Step5
Recording

앞에 나왔던 본문 지문을 읽으며 스마트폰으로 녹음해 보세요. 성대모사를 한다고 생각하고 성우의 발음과 억양을 최대한 흉내 내어야 합니다. 녹음 완료 후 성우와 자신의 음성 파일을 비교하며 개선할 점을 적어 보세요.

Day 27

남자친구가 생긴 친구

Step 1
Listening

책의 지문을 보지 말고 이 챕터의 음원 파일을 2회 이상 귀 기울여 들어 보세요. 성우의 발음이 잘 들릴 때까지 반복해서 많이 들을수록 리스닝 실력이 향상됩니다.

1회☐   2회☐   3회☐   4회☐   5회☐

Step2 Reading

다음 지문을 읽고, 모르는 단어와 표현은 우측 페이지의 영어로 된 정의를 참고하세요.

Thomas   Tell me how you met your boyfriend.

Casey   I was at the school library studying. And when I was away from my seat to go to the bathroom, he left me a note.

Thomas   What did the note say?

Casey   It said, 'Can I borrow your notebook from English class?' Then he left his number.

Thomas   What? That's all he said? How lame! So, then what happened?

Casey   So I called him and we got to talking and **one thing led to another** and **the rest is history**.

Thomas   That sounds **absurd**. Why did you call him? Didn't you think it was kind of rude to leave a note like that?

Casey   Yes, I did. So I was going to get back at him for being so rude, but his voice was so deep and when I met him, it turned out that he was the cutest guy ever.

Thomas   Wow, **what a turn of events!**

Casey   I guess I'm just so lucky to have met him.

Key Expressions

- **one thing leads to another** an event or activity results in another that you have not planned; a series of events happen, each one caused by the previous one
- **the rest is history** You can guess what happened next, so I won't explain the details.
- **absurd** very silly; ridiculous; extremely unreasonable
- **What a turn of events!** used as an exclamation when something happens in a very shocking or unexpected way or there is a sudden change in a situation

Translation

Thomas: 너 남자친구와 어떻게 만났는지 얘기 좀 해 주라.
Casey: 내가 학교 도서관에서 공부하고 있었거든. 그런데 내가 화장실에 가느라 자리를 비운 사이에 그 애가 와서 쪽지를 두고 갔어.
Thomas: 쪽지에 뭐라고 적혀 있었는데?
Casey: '영어 시간에 필기한 노트 좀 빌릴 수 있을까?'라고 써 있더라고. 그리고 자기 전화번호를 남겼어.
Thomas: 뭐야? 그게 다야? 뭐 이리 시시해! 그래서 그러고 나서 어떻게 됐는데?

Casey: 그래서 내가 전화를 걸었고 얘기를 나누다 보니 상황이 발전하게 되었고 나머지는 너도 다 아는 얘기고.
Thomas: 거 참 말도 안 되는 얘기네. 걔한테 왜 전화를 건 건데? 그런 쪽지 남기고 가는 게 좀 무례하다고 생각되지 않았어?
Casey: 그렇게 생각했지. 그래서 괘씸해서 깎아 주려고 전화했는데 목소리가 완전 중저음에다가 만나 봤더니 얘가 정말 귀엽더라고.
Thomas: 와, 무슨 그런 반전이 다 있냐!
Casey: 그 애를 만나 게 된 건 내게 행운인 것 같아.

Step3 Shadowing1

지문을 보고 음원을 들으면서 성우의 발음과 억양을 흉내 내어 동시에 따라서 말해 보세요. 최소 2회 이상 반복하세요.

1회☐   2회☐   3회☐   4회☐   5회☐

Step4
Shadowing2

지문을 보지 않고 음원만 들으면서 성우의 발음과 억양을 흉내 내어 동시에 따라서 말해 보세요. 최소 2회 이상 반복하고, 성우의 말하는 속도에 맞출 수 있을 때까지 가능한 한 많이 연습하면 좋습니다.

1회 □   2회 □   3회 □   4회 □   5회 □

Step5
Recording

앞에 나왔던 본문 지문을 읽으며 스마트폰으로 녹음해 보세요. 성대모사를 한다고 생각하고 성우의 발음과 억양을 최대한 흉내 내어야 합니다. 녹음 완료 후 성우와 자신의 음성 파일을 비교하며 개선할 점을 적어 보세요.

Day 28
친구에게 돈 빌리기

Step 1
Listening

책의 지문을 보지 말고 이 챕터의 음원 파일을 2회 이상 귀 기울여 들어 보세요. 성우의 발음이 잘 들릴 때까지 반복해서 많이 들을수록 리스닝 실력이 향상됩니다.

1회☐   2회☐   3회☐   4회☐   5회☐

Step2 Reading

다음 지문을 읽고, 모르는 단어와 표현은 우측 페이지의 영어로 된 정의를 참고하세요.

Austin   Hey, Caroline, how much money do you have on you?

Caroline   I don't know. I probably have about 20 dollars or so.

Austin   Could you lend me 20 dollars?

Caroline   I could but when are you going to pay me back?

Austin   I can pay you back **in no time**.

Caroline   Be more **specific**. How much time is no time?

Austin   Say about a week or two. It's not going to take long.

Caroline   Last time you owed me money, you paid me back after two years.

Austin   Did I really? That's probably because you never asked for it.

Caroline   I don't like reminding people to pay me back the money they owe me. It makes me feel **awkward**. So, you should pay me back in time even if I don't tell you.

Austin   Yes, ma'am. I will do so this time. So, are you going to lend me that money?

Caroline   Not before you sign a **promissory note**.

Austin   What the … you can't be serious. Don't **make a big deal out of** it.

Caroline   I need some kind of proof that you owe me the money, just in case.

Austin   You know what? Forget about the money. I don't need your money.

Caroline   That's exactly what I wanted to hear from you.

Key Expressions

- **in no time** very quickly; very soon
- **specific** clearly and exactly stated; particular
- **awkward** embarrassing and making someone feel not relaxed; not comfortable
- **promissory note** a document that contains a written promise to pay a definite amount of money to a stated person
- **make a big deal out of** to exaggerate the condition of something; make something into a serious matter

Translation

Austin: 저기, 캐롤라인, 너 지금 돈 얼마 있니?
Caroline: 몰라. 아마 한 20달러 정도 있을걸.
Austin: 나한테 20달러 빌려 줄 수 있어?
Caroline: 빌려 줄 수는 있는데 언제 갚을 건데?
Austin: 금방 갚을게.
Caroline: 좀 더 구체적으로 얘기해 봐. 금방이라는 게 얼마큼인데?
Austin: 1주나 2주 정도. 오래 안 걸릴 거야.
Caroline: 지난번에 돈 빌려갔을 때 2년 만에 갚았잖아.
Austin: 내가 정말 그랬어? 아마 네가 달라고 안 해서 그런 거겠지.
Caroline: 난 나한테 돈 빌린 사람들한테 돈 갚으라고 하는 거 별로 안 좋아해. 불편하거든. 그러니까, 내가 먼저 말 안 해도 네가 알아서 갚아야지.
Austin: 알겠습니다, 사모님. 이번엔 꼭 그렇게 할게요. 그래서 돈 꿔 줄 거야?
Caroline: 차용증에 사인 하기 전에 못 꿔 주지.
Austin: 뭐야…… 설마. 별일 아닌 걸로 이러지 마.
Caroline: 네가 나한테 빚졌다는 걸 증명할 수 있는 뭔가가 있어야 해. 혹시 모르니까.
Austin: 야 있잖아, 그럼 됐어. 네 돈 따윈 필요 없어.
Caroline: 그게 바로 딱 내가 듣고 싶었던 말이야.

Step3 Shadowing 1

지문을 보고 음원을 들으면서 성우의 발음과 억양을 흉내 내어 동시에 따라서 말해 보세요. 최소 2회 이상 반복하세요.

1회 ☐   2회 ☐   3회 ☐   4회 ☐   5회 ☐

Step4
Shadowing2

지문을 보지 않고 음원만 들으면서 성우의 발음과 억양을 흉내 내어 동시에 따라서 말해 보세요. 최소 2회 이상 반복하고, 성우의 말하는 속도에 맞출 수 있을 때까지 가능한 한 많이 연습하면 좋습니다.

1회☐   2회☐   3회☐   4회☐   5회☐

Step5
Recording

앞에 나왔던 본문 지문을 읽으며 스마트폰으로 녹음해 보세요. 성대모사를 한다고 생각하고 성우의 발음과 억양을 최대한 흉내 내어야 합니다. 녹음 완료 후 성우와 자신의 음성 파일을 비교하며 개선할 점을 적어 보세요.

Dictation

음원을 잘 듣고, 받아 적어 보세요.

1. _____

2. _____

3. _____

4. _____

5. _____

6. _____

7. _____

8. _____

9. _____

10. _____

★ Answers

1. When it comes to work, she's a go-getter. **2.** I'm bored as hell. You mind if I come over to your place? **3.** He's such an old-fashioned guy. **4.** Drop the subject already! **5.** Sounds like a plan. **6.** What do you like in girl? **7.** That's an understatement. **8.** Just like they say, love is magic. **9.** Wow, what a turn of events! **10.** I can pay you back in no time.

★ PART

4

흥미, 취미

Day 29
어떤 음악 좋아해?

Step 1
Listening

책의 지문을 보지 말고 이 챕터의 음원 파일을 2회 이상 귀 기울여 들어 보세요. 성우의 발음이 잘 들릴 때까지 반복해서 많이 들을수록 리스닝 실력이 향상됩니다.

1회☐ 2회☐ 3회☐ 4회☐ 5회☐

Step2 Reading

다음 지문을 읽고, 모르는 단어와 표현은 우측 페이지의 영어로 된 정의를 참고하세요.

Parker   What kind of music do you like?

Allison   I like indie music. What about you, Parker?

Parker   I like hip-hop. And that's the only kind of music that I like.

Allison   **No offense, but** I don't see how hip-hop is considered music.

Parker   Yo, are you trying to **pick a fight** or something?

Allison   No, I'm just telling you what I think.

Parker   Hip-hop is the last true folk art. Do not insult art, lady!

Allison   Although I've never considered hip-hop to really be music, I think I would enjoy it if you showed me what real hip-hop is like.

Parker   Do you want me to rap right now? Right here in front of you?

Allison   Yeah, why not?

Parker   I said I like hip-hop, but I never said I was good at rapping hip-hop.

Allison   So what, you just listen to hip-hop, but don't know how to rap it?

Parker   Exactly.

Allison   That's kind of uncool. Don't you think?

Parker   **There's nothing uncool about it.** I respect the music so much I don't want to ruin it.

Allison   **Well said**, Parker. You made your point very well.

Key Expressions

- **no offense, but** please, don't be insulted or offended by what I'm about to say
- **pick a fight** to start a fight or argument with someone on purpose
- **There's nothing uncool about it.** It's not uncool; It is cool.
- **well said** You said that very well; I agree with what you said.

Translation

Parker: 넌 어떤 종류의 음악을 좋아하니?
Allison: 난 인디 음악이 좋아. 넌 어떠니, 파커?
Parker: 난 힙합 좋아해. 그리고 난 음악 중에서 힙합만 좋아해.
Allison: 기분 나빠하지 않았으면 좋겠는데 난 힙합을 도대체 어떻게 음악이라고 부르는 건지 모르겠어.
Parker: 요, 너 지금 나랑 한바탕 붙어 보자는 거야, 뭐야?
Allison: 아니, 그냥 내 생각을 말했을 뿐이야.
Parker: 힙합은 이 시대의 마지막 남은 진정한 민중 예술이야. 예술을 모욕하지 마, 이 여자야!
Allison: 난 힙합을 음악이라고 생각해 본 적은 없지만, 네가 진정한 힙합이 어떤 건지 나한테 보여 주면 나도 좀 즐겨 볼게.

Parker: 지금 나더러 랩을 하라고? 바로 여기 네 앞에서?
Allison: 응, 안 될 게 뭐 있니?
Parker: 난 힙합을 좋아한다고 했지, 내가 힙합 랩을 잘 할 수 있다고 하진 않았어.
Allison: 그러니까 뭐, 넌 그냥 힙합을 듣기만 하고 랩은 못한다는 얘기니?
Parker: 맞아.
Allison: 그거 참 별로인 것 같은데. 안 그래?
Parker: 전혀 별로이지 않아. 난 힙합을 정말 존중하기 때문에 망치고 싶지 않을 뿐이야.
Allison: 아주 멋진 말이네, 파커. 네 뜻이 뭔지 알겠어.

Step3 Shadowing1

지문을 보고 음원을 들으면서 성우의 발음과 억양을 흉내 내어 동시에 따라서 말해 보세요. 최소 2회 이상 반복하세요.

1회☐ 2회☐ 3회☐ 4회☐ 5회☐

Step4
Shadowing2

지문을 보지 않고 음원만 들으면서 성우의 발음과 억양을 흉내 내어 동시에 따라서 말해 보세요. 최소 2회 이상 반복하고, 성우의 말하는 속도에 맞출 수 있을 때까지 가능한 한 많이 연습하면 좋습니다.

1회☐   2회☐   3회☐   4회☐   5회☐

Step5
Recording

앞에 나왔던 본문 지문을 읽으며 스마트폰으로 녹음해 보세요. 성대모사를 한다고 생각하고 성우의 발음과 억양을 최대한 흉내 내어야 합니다. 녹음 완료 후 성우와 자신의 음성 파일을 비교하며 개선할 점을 적어 보세요.

Day 30

영화 보러 갈래?

Step 1
Listening

책의 지문을 보지 말고 이 챕터의 음원 파일을 2회 이상 귀 기울여 들어 보세요. 성우의 발음이 잘 들릴 때까지 반복해서 많이 들을수록 리스닝 실력이 향상됩니다.

1회☐ 2회☐ 3회☐ 4회☐ 5회☐

Step2 Reading

다음 지문을 읽고, 모르는 단어와 표현은 우측 페이지의 영어로 된 정의를 참고하세요.

Adam   Do you want to go to the movies tonight?

Skyler   I have a feeling that you wouldn't like the kind of movies that I like.

Adam   What kind of movies do you like?

Skyler   I like romantic comedies that will make you cry and laugh at the same time.

Adam   Hmm, let me think. Are you saying that if I go to the movies with you, you are going to be crying and laughing at the same time right next to me? That sounds a little **creepy**.

Skyler   I meant **figuratively**, not **literally**. It's not like I'm going to cry and laugh hysterically during the movie.

Adam   Ok, I'm a little **relieved**. I was worried there for a second.

Skyler   By the way, what kind of movies do you like?

Adam   I like horror movies that make you jump and scream.

Skyler   Jump and scream?

Adam   Figuratively, like you said.

Skyler   **I can't stand** horror movies, so I guess we are not going to the movies together.

Adam   Yes, we are, because I don't mind watching romantic comedies that are smart and funny.

Skyler   Okay, then. **Give me a buzz** tonight.

Key Expressions

- **creepy** having or causing a sense of horror or fear, as of creatures crawling on the skin; annoying and unpleasant
- **figuratively** metaphorically; using figures of speech; used not with their basic meaning but with a more imaginative meaning to create a special effect
- **literally** having the original or basic meaning of a word; used to emphasize what you are saying; word for word
- **relieved** to be released or free from a responsibility, burden, or stress
- **can't stand** cannot bear; dislike very much; unable to put up with something or someone
- **give me a buzz** give me a call; call me

Translation

Adam: 오늘 밤에 영화 보러 갈래?
Skyler: 넌 내가 좋아하는 스타일의 영화를 좋아할 것 같지가 않은데.
Adam: 너 어떤 영화 좋아하는데?
Skyler: 난 울게도 하고 또 동시에 웃게도 하는 그런 로맨틱 코미디 영화가 좋아.
Adam: 음, 잠깐 생각 좀 해 보자. 그러니까 네 말은 내가 너랑 같이 영화를 보러 가게 되면 넌 내 바로 옆에 앉아서 울다가 웃다가 막 그럴 거란 얘기니? 왠지 좀 오싹한 느낌이 드는데.
Skyler: 비유적으로 말한 거야. 말 그대로 진짜 그렇다는 게 아니라. 내가 영화를 보다가 광분해서 울다가 웃다가 막 그런다는 얘기가 아니라고.

Adam: 그래, 이제야 좀 안심이 되는구나. 잠깐 걱정했었어.
Skyler: 암튼 근데, 넌 어떤 영화 좋아해?
Adam: 난 깜짝 놀라서 뛰어오르고 소리지르게 만드는 공포 영화가 좋아.
Skyler: 뛰어오르고 소리지르고?
Adam: 네 말마따나 비유적으로 말하자면 그렇다는 얘기지.
Skyler: 난 공포 영화는 질색인데, 그럼 우리 영화 보러 같이 못 가겠네.
Adam: 같이 갈 거야. 왜냐하면 나도 스마트하고 재밌는 로맨틱 코미디 영화는 괜찮거든.
Skyler: 그래 그럼. 오늘 밤에 전화해.

Step3 Shadowing 1

지문을 보고 음원을 들으면서 성우의 발음과 억양을 흉내 내어 동시에 따라서 말해 보세요. 최소 2회 이상 반복하세요.

1회☐ 2회☐ 3회☐ 4회☐ 5회☐

Step4
Shadowing2

지문을 보지 않고 음원만 들으면서 성우의 발음과 억양을 흉내 내어 동시에 따라서 말해 보세요. 최소 2회 이상 반복하고, 성우의 말하는 속도에 맞출 수 있을 때까지 가능한 한 많이 연습하면 좋습니다.

1회☐　2회☐　3회☐　4회☐　5회☐

Step5
Recording

앞에 나왔던 본문 지문을 읽으며 스마트폰으로 녹음해 보세요. 성대모사를 한다고 생각하고 성우의 발음과 억양을 최대한 흉내 내어야 합니다. 녹음 완료 후 성우와 자신의 음성 파일을 비교하며 개선할 점을 적어 보세요.

Day 31

TV
즐겨 보니?

Step 1
Listening

책의 지문을 보지 말고 이 챕터의 음원 파일을 2회 이상 귀 기울여 들어 보세요. 성우의 발음이 잘 들릴 때까지 반복해서 많이 들을수록 리스닝 실력이 향상됩니다.

1회☐　2회☐　3회☐　4회☐　5회☐

Step2 Reading

다음 지문을 읽고, 모르는 단어와 표현은 우측 페이지의 영어로 된 정의를 참고하세요.

Charlie   Do you watch a lot of TV?

Sadie   Too much. I'm trying to **cut down on** watching TV.

Charlie   I didn't know you liked watching TV so much. What kind of shows do you watch?

Sadie   I watch dramas day and night.

Charlie   Do you watch anything other than dramas?

Sadie   Nope, I'm **hooked on** dramas. What kind of TV shows do you like?

Charlie   I like documentaries, especially the ones on *National Geographic*.

Sadie   Yuck. That **bores the heck out of** me even just hearing you say it.

Charlie   They are not boring at all. Once you start watching them, you will see how exciting they are. They show you how wonderful and mysterious the world is.

Sadie   Stop it, Charlie. I feel like **throwing up**.

Charlie   I don't know why you are being this way.

Sadie   I think you should start watching dramas and discover the excitement of **fictitious** stories.

Charlie   Well, I guess everybody has different tastes.

Sadie   Yes, I agree. But still, seriously, documentaries? Come on!

Charlie   Please do not insult my taste.

Key Expressions

- **cut down on** to reduce; to try to do something less
- **hooked on** addicted to something; enthusiastic about something
- **bore the heck out of** used to emphasize how boring something is
- **throw up** to vomit
- **fictitious** not based in reality; consisting of fiction; coming from the imagination

Translation

Charlie: 너 텔레비전 많이 보니?
Sadie: 너무 많이 봐. 좀 줄여 보려고 노력 중이야.
Charlie: 네가 텔레비전 보는 걸 그렇게 좋아하는 줄 몰랐네. 어떤 프로그램을 보니?
Sadie: 온종일 드라마만 봐.
Charlie: 드라마 말고 또 보는 건 없고?
Sadie: 없어, 난 드라마에 완전 푹 빠졌거든. 넌 어떤 프로그램을 보는데?
Charlie: 난 다큐멘터리 좋아해, 특히 〈내셔널 지오그래픽〉에 나오는 것들 위주로.
Sadie: 우엑. 얘기만 들어도 따분해 죽을 것 같다.

Charlie: 전혀 따분하지 않아. 일단 다큐멘터리를 보기 시작하면 얼마나 재밌는지 너도 알게 될 거야. 세상이 얼마나 아름답고 신비스러운지 보여 주거든.
Sadie: 그만해, 찰리. 토 나올 것 같아.
Charlie: 네가 왜 이러는지 난 도통 모르겠다.
Sadie: 내 생각엔 네가 드라마를 좀 보면서 허구로 만들어낸 이야기의 재미를 알아 가야만 할 것 같아.
Charlie: 글쎄, 사람들은 다 취향이 다른 거니까.
Sadie: 그래, 나도 그렇게 생각해. 하지만 그래도, 진짜, 다큐멘터리는 너무 심한 거 아니니? 아, 진짜!
Charlie: 내 취향을 욕하지 마.

Step3 Shadowing1

지문을 보고 음원을 들으면서 성우의 발음과 억양을 흉내 내어 동시에 따라서 말해 보세요. 최소 2회 이상 반복하세요.

1회 ☐   2회 ☐   3회 ☐   4회 ☐   5회 ☐

Step4
Shadowing2

지문을 보지 않고 음원만 들으면서 성우의 발음과 억양을 흉내 내어 동시에 따라서 말해 보세요. 최소 2회 이상 반복하고, 성우의 말하는 속도에 맞출 수 있을 때까지 가능한 한 많이 연습하면 좋습니다.

1회☐   2회☐   3회☐   4회☐   5회☐

Step5
Recording

앞에 나왔던 본문 지문을 읽으며 스마트폰으로 녹음해 보세요. 성대모사를 한다고 생각하고 성우의 발음과 억양을 최대한 흉내 내어야 합니다. 녹음 완료 후 성우와 자신의 음성 파일을 비교하며 개선할 점을 적어 보세요.

Day 32

산이 좋아, 바다가 좋아?

Step 1
🎧 Listening

책의 지문을 보지 말고 이 챕터의 음원 파일을 2회 이상 귀 기울여 들어 보세요. 성우의 발음이 잘 들릴 때까지 반복해서 많이 들을수록 리스닝 실력이 향상됩니다.

1회☐ 2회☐ 3회☐ 4회☐ 5회☐

Step2 Reading

다음 지문을 읽고, 모르는 단어와 표현은 우측 페이지의 영어로 된 정의를 참고하세요.

Tyler   Any plans for this weekend?

Karen   No plans yet, but I kind of wanted to go to the beach.

Tyler   Haven't you been watching the news lately? The beaches are packed with people. Do you really want to be **stampeded** by thousands and thousands of people?

Karen   Well, do you have any better ideas?

Tyler   Let's go hiking in the mountains!

Karen   Hiking? Hey, we are right in the middle of the summer heat.

Tyler   That's why we are going to the mountains. You just don't know how cool it is up in the mountains.

Karen   Maybe it's cool in the mountains once you get there, but it's going to be really hot climbing up.

Tyler   That's what's great about it. You go through the hardship first, then you get to enjoy the **ultimate** joy of accomplishment and the cool air.

Karen   But I've never been on a hiking trip before. I'm afraid it's going to be too hard for a beginner like me.

Tyler   No, it's not going to be hard at all. **After all**, we are just going to Bukhan mountain, it's not like the Himalayas or anything.

Karen   All right, then I'll **give it a try**.

Key Expressions

- **stampede** to cause to flee or rush in panic (a herd of animals or a group of people)
- **ultimate** last; final; the highest; extreme; maximum
- **after all** used to add information that shows that what you have just said is true or right or makes sense
- **give it a try** try it one time; try; make an attempt at something

Translation

Tyler: 이번 주말에 계획 있니?
Karen: 아니 아직. 근데 바다에 가면 좋겠다는 생각은 하고 있었어.
Tyler: 요즘 뉴스 안 보니? 바닷가에 사람이 얼마나 많은데. 너 정말 바닷가에 가서 사람들에게 깔려 죽고 싶기라도 한 거니?
Karen: 그러면 뭐 넌 더 좋은 생각이라도 있어?
Tyler: 등산 가자!
Karen: 등산? 야, 지금은 더워 죽을 것 같은 한여름이야.
Tyler: 그래서 산에 가자는 거야. 너 산에 올라가면 얼마나 시원한지 모르는구나.
Karen: 다 올라가고 나면 시원할진 모르겠지만 올라가는 길엔 진짜 더울걸.
Tyler: 그게 바로 등산의 묘미지. 먼저 힘든 역경을 겪고 나면 궁극의 성취감에서 비롯되는 기쁨과 시원한 공기를 맛볼 수 있다는 거.
Karen: 난 등산 한 번도 안 해 봤는데. 나처럼 초보한테는 너무 힘들까 봐 걱정돼.
Tyler: 아냐, 전혀 안 힘들어. 그리고 우린 겨우 북한산 등산하는 거야, 히말라야나 뭐 그런 엄청난 곳을 가는 게 아니라고.
Karen: 그래, 그러면 한번 해 보지 뭐.

Step3 Shadowing 1

지문을 보고 음원을 들으면서 성우의 발음과 억양을 흉내 내어 동시에 따라서 말해 보세요. 최소 2회 이상 반복하세요.

1회 ☐　2회 ☐　3회 ☐　4회 ☐　5회 ☐

Step4
Shadowing2

지문을 보지 않고 음원만 들으면서 성우의 발음과 억양을 흉내 내어 동시에 따라서 말해 보세요. 최소 2회 이상 반복하고, 성우의 말하는 속도에 맞출 수 있을 때까지 가능한 한 많이 연습하면 좋습니다.

1회☐　2회☐　3회☐　4회☐　5회☐

Step5
Recording

앞에 나왔던 본문 지문을 읽으며 스마트폰으로 녹음해 보세요. 성대모사를 한다고 생각하고 성우의 발음과 억양을 최대한 흉내 내어야 합니다. 녹음 완료 후 성우와 자신의 음성 파일을 비교하며 개선할 점을 적어 보세요.

Day 33

요즘에
운동하니?

Step 1
Listening

책의 지문을 보지 말고 이 챕터의 음원 파일을 2회 이상 귀 기울여 들어 보세요. 성우의 발음이 잘 들릴 때까지 반복해서 많이 들을수록 리스닝 실력이 향상됩니다.

1회☐ 2회☐ 3회☐ 4회☐ 5회☐

Step2 Reading

다음 지문을 읽고, 모르는 단어와 표현은 우측 페이지의 영어로 된 정의를 참고하세요.

Aaron   It looks like you've lost some weight.

Makayla   Thank God you noticed the difference.

Aaron   Are you on a diet?

Makayla   No, I've been practicing yoga. It helps me to **stay in shape**.

Aaron   Yoga, huh? No wonder you look so fit.

Makayla   You don't look so bad yourself. Have you been working out lately?

Aaron   Yup, I've been swimming for quite a while.

Makayla   Swimming is an excellent exercise to lose weight and get fit.

Aaron   The proof is right in front of you!

Makayla   I knew you would say that. You have got **one heck of** a **cocky** attitude.

Aaron   Hey, I call it confident, not cocky.

Makayla   All right, all right. Call it whatever you want to call it.

Aaron   By the way, I didn't know yoga was that good of an exercise.

Makayla   You shouldn't **underestimate** yoga. It's a **hard-core** workout.

Aaron   I can totally tell just looking at your body.

Makayla   Hey, get your eyes off of me!

Key Expressions

- **stay in shape** to stay healthy; to not gain weight
- **one heck of** used when emphasizing the quality or intensity of something or someone
- **cocky** overly proud of oneself; overly confident
- **underestimate** to estimate at too low a value or rate; to make an estimate lower than the correct one
- **hard-core** extremely committed, dedicated, or loyal

Translation

Aaron: 너 살 빠진 것 같다.
Makayla: 달라진 걸 알아보다니 정말 다행이다.
Aaron: 너 요즘 다이어트 하니?
Makayla: 아니, 요가 하고 있어. 그게 건강 유지하는 데 도움이 많이 되더라고.
Aaron: 요가였구나. 아. 어쩐지 몸매가 탄탄해 보이더니.
Makayla: 너도 좋아 보이는데. 요즘 운동하니?
Aaron: 응, 수영 시작한 지 꽤 됐어.
Makayla: 살 빼고 몸매 가꾸는 데 수영 만한 게 없지.
Aaron: 바로 네 앞에 그 증거가 있잖아!

Makayla: 네가 그렇게 말할 줄 알았다. 넌 정말 잘난 척 대왕이라니까.
Aaron: 야, 자신감이라고 부르는 거야, 잘난 척이 아니라.
Makayla: 알았어, 알았어. 네가 부르고 싶은 대로 부르셔.
Aaron: 근데, 요가가 그렇게 좋은 운동인지 몰랐네.
Makayla: 요가를 얕잡아 보지 마. 이거 완전 장난 아닌 운동이야.
Aaron: 네 몸매만 봐도 딱 알겠어.
Makayla: 야, 그런 식으로 내 몸 훑지 마!

Step3 Shadowing1

지문을 보고 음원을 들으면서 성우의 발음과 억양을 흉내 내어 동시에 따라서 말해 보세요. 최소 2회 이상 반복하세요.

1회 ☐   2회 ☐   3회 ☐   4회 ☐   5회 ☐

Step4
Shadowing2

지문을 보지 않고 음원만 들으면서 성우의 발음과 억양을 흉내 내어 동시에 따라서 말해 보세요. 최소 2회 이상 반복하고, 성우의 말하는 속도에 맞출 수 있을 때까지 가능한 한 많이 연습하면 좋습니다.

1회☐　2회☐　3회☐　4회☐　5회☐

Step5
Recording

앞에 나왔던 본문 지문을 읽으며 스마트폰으로 녹음해 보세요. 성대모사를 한다고 생각하고 성우의 발음과 억양을 최대한 흉내 내어야 합니다. 녹음 완료 후 성우와 자신의 음성 파일을 비교하며 개선할 점을 적어 보세요.

Day 34
어떤 집에 살고 싶어?

Step 1
Listening

책의 지문을 보지 말고 이 챕터의 음원 파일을 2회 이상 귀 기울여 들어 보세요. 성우의 발음이 잘 들릴 때까지 반복해서 많이 들을수록 리스닝 실력이 향상됩니다.

1회☐　2회☐　3회☐　4회☐　5회☐

Step2 Reading

다음 지문을 읽고, 모르는 단어와 표현은 우측 페이지의 영어로 된 정의를 참고하세요.

Isaiah　If you had a choice between a **condo** and a house, which one would you prefer to live in?

Sophie　Definitely a condo. **No doubt about it.**

Isaiah　Why wouldn't you want to live in a house with a nicely **landscaped** front yard and **paved** driveway?

Sophie　It's just **not my thing**.

Isaiah　What's your thing then?

Sophie　I don't want to have to **mow** the lawn in the summer or worry about shoveling snow in the winter.

Isaiah　To me, living in a condo is like living in a box. I would much rather have a house where I could have all my friends over and have a barbecue together in the spring and the summer.

Sophie　That sounds very **appealing** but still, living in a house brings **far more** responsibilities.

Isaiah　But you are giving up so much just because you are lazy.

Sophie　I'm not lazy. And I'm not giving up anything. It's just that I don't have fantasies about living in a house as you do.

Isaiah　Too bad you have to miss out on all the fun.

Key Expressions

- **condo** abbreviation of condominium; a building containing apartments that are owned by the people in them
- **No doubt about it.** absolutely certain; used to emphasize that what you are saying is true
- **landscape** to improve by planting flowers or trees; the appearance of an area of land
- **pave** to cover an area of ground with a hard, flat surface, as in concrete, asphalt, etc.
- **not my thing** not something that I enjoy doing; not something I like
- **mow** to cut down something that grows from the ground, especially grass
- **appealing** attractive
- **far more** a lot more; much more

Translation

Isaiah: 아파트와 단독주택 중에 선택할 수 있다면 어디에서 사는 게 더 좋아?
Sophie: 당연히 아파트지. 말하나마나.
Isaiah: 왜 조경이 멋진 앞마당과 깔끔하게 포장된 진입로가 있는 그런 집에서 살고 싶지 않아?
Sophie: 난 그냥 그런 건 별로야.
Isaiah: 네가 원하는 건 어떤 건데?
Sophie: 여름엔 잔디 깎아야 되고 겨울엔 눈 치워야 되는 게 싫어.
Isaiah: 내가 보기엔, 아파트에서 살면 박스 안에서 사는 느낌일 것 같아. 봄, 여름에 친구들 불러서 같이 바비큐 파티도 하고 그럴 수 있는 집에서 사는 게 훨씬 더 매력적이지.
Sophie: 그런 건 참 좋을 것 같기도 한데 주택에서 살면 신경 써야 할 일들이 너무 많아.
Isaiah: 넌 너의 게으름 때문에 너무 많은 것을 포기하고 살게 되는 거야.
Sophie: 나 안 게을러. 그리고 내가 포기하긴 뭘 포기한다고 그래. 난 그저 너처럼 주택에서 사는 것에 대한 환상이 없을 뿐이야.
Isaiah: 모든 즐거움을 다 놓치는 네가 안쓰러울 뿐이다.

Step3 Shadowing 1

지문을 보고 음원을 들으면서 성우의 발음과 억양을 흉내 내어 동시에 따라서 말해 보세요. 최소 2회 이상 반복하세요.

1회☐　2회☐　3회☐　4회☐　5회☐

Step4
Shadowing2

지문을 보지 않고 음원만 들으면서 성우의 발음과 억양을 흉내 내어 동시에 따라서 말해 보세요. 최소 2회 이상 반복하고, 성우의 말하는 속도에 맞출 수 있을 때까지 가능한 한 많이 연습하면 좋습니다.

1회☐   2회☐   3회☐   4회☐   5회☐

Step5
Recording

앞에 나왔던 본문 지문을 읽으며 스마트폰으로 녹음해 보세요. 성대모사를 한다고 생각하고 성우의 발음과 억양을 최대한 흉내 내어야 합니다. 녹음 완료 후 성우와 자신의 음성 파일을 비교하며 개선할 점을 적어 보세요.

Day 35
요리하는 남자, 사 먹는 여자

Step 1
Listening

책의 지문을 보지 말고 이 챕터의 음원 파일을 2회 이상 귀 기울여 들어 보세요. 성우의 발음이 잘 들릴 때까지 반복해서 많이 들을수록 리스닝 실력이 향상됩니다.

1회☐   2회☐   3회☐   4회☐   5회☐

Step2 Reading

다음 지문을 읽고, 모르는 단어와 표현은 우측 페이지의 영어로 된 정의를 참고하세요.

Muhammad	You're **eating out** again?
Alaina	Yes, I am, because I don't like cooking.
Muhammad	You don't like cooking or you don't know how to cook?
Alaina	Both.
Muhammad	But doesn't it **cost a fortune** to eat out all the time?
Alaina	Not really. I don't eat out at fancy restaurants or anything. I usually just have a burger or kimbap for a meal.
Muhammad	**Poor you.** Those things are not healthy. You need to have **proper meals**.
Alaina	I know, but I can't help it. Do you cook?
Muhammad	Yes, I do. I try to have every meal at home. That saves me a lot of money and plus, I've gotten better at cooking. Now it's come to the point where I actually enjoy eating what I cook.
Alaina	Is there any chance you can teach me how to cook?
Muhammad	Yeah, if you provide all the ingredients, then I would be more than willing to.
Alaina	Hmm, let me think. Yeah, why not? How about we start today?
Muhammad	Now is not a good time. **I've got plans**. But how does Thursday sound to you?
Alaina	Thursday sounds perfect.

Key Expressions

- **eat out** to eat at a restaurant; to pay for a meal outside rather than eat at home
- **cost a fortune** to cost a lot of money; have to spend a lot of money
- **Poor you.** used when people want to express sympathy for someone
- **proper meal** to have a good and healthy meal
- **have got plans** to have something to do; to have a prior engagement

Translation

Muhammad: 또 외식이야?
Alaina: 응. 요리하는 게 싫어서.
Muhammad: 요리하는 게 싫은 거니, 아니면 요리를 할 줄 모르는 거니?
Alaina: 둘 다.
Muhammad: 근데 맨날 그렇게 외식하려면 돈이 너무 많이 들지 않니?
Alaina: 그렇지도 않아. 왜냐하면 내가 무슨 근사한 레스토랑이나 그런 곳에 가서 사 먹는 게 아니니까. 보통 그냥 햄버거나 김밥 같은 거 사 먹어서 괜찮아.
Muhammad: 너도 참 안됐다. 그런 건 건강에 안 좋아. 제대로 된 식사를 해야지.

Alaina: 나도 알지만, 어쩔 수가 없어. 넌 요리하니?
Muhammad: 난 하지. 난 매끼를 집에서 먹으려고 하거든. 돈도 많이 절약되고 또 요리 실력도 늘어서 이제는 내가 요리한 음식이 맛있을 정도야.
Alaina: 나한테도 요리하는 법 좀 가르쳐 줄 수 있어?
Muhammad: 그래, 재료만 다 준비해 준다면야 얼마든지.
Alaina: 음, 생각 좀 해 볼게. 그래, 뭐 안 될 것 없지. 오늘 당장 시작하면 어떨까?
Muhammad: 오늘은 힘들어. 약속이 있거든. 목요일은 어때?
Alaina: 목요일 완전 좋아.

Step3 Shadowing1

지문을 보고 음원을 들으면서 성우의 발음과 억양을 흉내 내어 동시에 따라서 말해 보세요. 최소 2회 이상 반복하세요.

1회☐　2회☐　3회☐　4회☐　5회☐

Step4
Shadowing2

지문을 보지 않고 음원만 들으면서 성우의 발음과 억양을 흉내 내어 동시에 따라서 말해 보세요. 최소 2회 이상 반복하고, 성우의 말하는 속도에 맞출 수 있을 때까지 가능한 한 많이 연습하면 좋습니다.

1회☐   2회☐   3회☐   4회☐   5회☐

Step5
Recording

앞에 나왔던 본문 지문을 읽으며 스마트폰으로 녹음해 보세요. 성대모사를 한다고 생각하고 성우의 발음과 억양을 최대한 흉내 내어야 합니다. 녹음 완료 후 성우와 자신의 음성 파일을 비교하며 개선할 점을 적어 보세요.

Day 36
SUV와 세단

Step 1
🎧 Listening

책의 지문을 보지 말고 이 챕터의 음원 파일을 2회 이상 귀 기울여 들어 보세요. 성우의 발음이 잘 들릴 때까지 반복해서 많이 들을수록 리스닝 실력이 향상됩니다.

1회☐ 2회☐ 3회☐ 4회☐ 5회☐

Step2 Reading

다음 지문을 읽고, 모르는 단어와 표현은 우측 페이지의 영어로 된 정의를 참고하세요.

Levi   Do you really want to get a sedan? I don't think we are going to have enough room for our kids and the car seat and all these little bags you carry around when you go out with the kids. How about we get an SUV?

Callie   SUVs are for guys. You are not the only one who's going to be driving the car. In fact, I think I will be driving the car more often because I'm the one who's giving the kids rides to school and their soccer games. So, it would make more sense if we got a car that I wanted to drive.

Levi   But a sedan is not as safe as an SUV. Don't you want our kids to be safe?

Callie   Who says SUVs are safer than sedans? I've never heard of such a thing.

Levi   Don't be ridiculous, honey. It's an **obvious** fact. Everybody knows it. Let's get an SUV **for our kids' sake**.

Callie   Okay, then, how about we lease a sedan for a year instead of buying a car **right away** and if you don't like it after a year, we get an SUV then? How does that sound to you?

Levi   All right, all right. Just **do as you please**. I have never won an argument with you.

Callie   Thank you, honey. You are such a good husband.

Levi   Well, I don't know about that. But if there's one thing I know, it's that I will never get an SUV in my life.

Key Expressions

- **obvious** easy to see or understand
- **for one's sake** for the sake of; for the benefit or purpose of something or someone
- **right away** immediately; without delay
- **do as you please** do as you like; do whatever you want to do

Translation

Levi: 당신 정말 세단이 사고 싶어? 애들에, 카시트에, 그리고 애들 데리고 나갈 때 당신이 들고 다니는 그 가방들하고 다 들어가려면 차가 좁다고. SUV를 사는 게 어떨까?
Callie: SUV는 남자들의 차잖아요. 이 차는 당신만 운전하는 게 아니라고요. 아마 차는 내가 더 많이 타고 다닐걸요. 애들 학교도 데려다주고 축구 연습에도 데려다주고 하려면. 그러니까 내가 타고 싶은 차를 사는 게 더 맞는 거죠.
Levi: 하지만 세단은 SUV처럼 안전하지가 않다고. 당신은 우리 애들이 안전하기를 원하지 않아?
Callie: SUV가 세단보다 더 안전하다고 누가 그래요? 난 한 번도 그런 말 들어 본 적 없는데.

Levi: 여보, 억지부리지 말자. 그건 명백한 사실이잖아. 누구나 다 안다고. 우리 아이들을 위해서라도 SUV를 삽시다.
Callie: 알았어요. 그럼, 당장 차를 사는 것보다는 세단을 1년만 리스로 빌려서 타고 다니다가 1년 후에 차가 당신 마음에 안 들면 그때 SUV로 바꾸면 어때요? 괜찮을 것 같지 않아요?
Levi: 알았어, 알았다고. 당신이 하고 싶은 대로 해. 내가 당신하고 말싸움 해서 이겨 본 적 있나.
Callie: 고마워요, 여보. 당신은 역시 좋은 남편이에요.
Levi: 글쎄, 그건 잘 모르겠고. 내가 아는 게 하나 있다면, 내 평생 SUV를 살 날은 없을 거라는 거야.

Step3 Shadowing1

지문을 보고 음원을 들으면서 성우의 발음과 억양을 흉내 내어 동시에 따라서 말해 보세요. 최소 2회 이상 반복하세요.

1회 ☐   2회 ☐   3회 ☐   4회 ☐   5회 ☐

Step4
Shadowing2

지문을 보지 않고 음원만 들으면서 성우의 발음과 억양을 흉내 내어 동시에 따라서 말해 보세요. 최소 2회 이상 반복하고, 성우의 말하는 속도에 맞출 수 있을 때까지 가능한 한 많이 연습하면 좋습니다.

1회☐   2회☐   3회☐   4회☐   5회☐

Step5
Recording

앞에 나왔던 본문 지문을 읽으며 스마트폰으로 녹음해 보세요. 성대모사를 한다고 생각하고 성우의 발음과 억양을 최대한 흉내 내어야 합니다. 녹음 완료 후 성우와 자신의 음성 파일을 비교하며 개선할 점을 적어 보세요.

Day 37
책 읽는 거 좋아하니?

Step 1
Listening

책의 지문을 보지 말고 이 챕터의 음원 파일을 2회 이상 귀 기울여 들어 보세요. 성우의 발음이 잘 들릴 때까지 반복해서 많이 들을수록 리스닝 실력이 향상됩니다.

1회 ☐   2회 ☐   3회 ☐   4회 ☐   5회 ☐

Step2 Reading

다음 지문을 읽고, 모르는 단어와 표현은 우측 페이지의 영어로 된 정의를 참고하세요.

Colton	Do you like reading, Gabriella?
Gabriella	I certainly do.
Colton	What kinds of books do you like reading?
Gabriella	I like all kinds of books. I don't **stick to** one genre in particular. But I like reading **novels** the most.
Colton	So do I! Any books you have read lately that you really enjoyed?
Gabriella	Yes, I just finished reading *1Q84* by Haruki Murakami. It's a **page-turner**. You just can't stop reading it.
Colton	Oh, I've always wanted to read that book, too. I've read almost all of Murakami books except that one.
Gabriella	Really? You like him, too? I'm **a huge fan** myself. If you want to read that book, I can lend it to you.
Colton	Awesome! I would really appreciate it if you let me borrow that book.
Gabriella	Oh, I have it right here in my bag. Like I said, I just finished reading it.
Colton	Wow, I'm so lucky.
Gabriella	Once you finish it, let's share what we think about the story, that'll be fun.
Colton	**Sounds like an idea.**

Key Expressions

- **stick to** to remain faithful to; keep to; not change
- **novel** fiction; a book that tells a story about things that are not real but usually a reflection of real life
- **page-turner** a book so exciting that you cannot stop reading or want to read very fast
- **a huge fan** a very loyal fan
- **Sounds like an idea.** That sounds like a good idea.

Translation

Colton: 가브리엘라, 책 읽는 거 좋아하니?
Gabriella: 응, 좋아하고 말고.
Colton: 어떤 류의 책을 좋아해?
Gabriella: 책이라면 다 좋아해. 한 가지 장르만 고집하고 그러진 않거든. 하지만 그래도 그중에 더 좋아하는 게 있다면 소설류를 특히 좋아해.
Colton: 나도 그런데! 최근에 재미있게 읽은 책 있니?
Gabriella: 응, 무라카미 하루키가 쓴 〈1Q84〉를 지금 막 다 읽었어. 정말 재미있더라고. 읽다 보면 멈출 수가 없더라고.
Colton: 와, 나도 그 책 읽고 싶었는데. 무라카미 책은 그것만 빼고 거의 다 읽었거든.
Gabriella: 정말? 너도 무라카미 하루키 좋아해? 나도 엄청 팬이야. 너 그거 읽고 싶으면, 내가 빌려 줄게.
Colton: 와, 좋다! 빌려 주면 나야 정말 고맙지.
Gabriella: 아, 여기 내 가방 안에 있어. 지금 막 다 읽었다고 그랬잖아.
Colton: 우와, 난 참 운도 좋네.
Gabriella: 그거 다 읽고 나면, 우리 같이 독서토론 같은 거 하자, 재밌겠다.
Colton: 그것 참 좋은 생각이다.

Step3 Shadowing1

지문을 보고 음원을 들으면서 성우의 발음과 억양을 흉내 내어 동시에 따라서 말해 보세요. 최소 2회 이상 반복하세요.

1회☐   2회☐   3회☐   4회☐   5회☐

Step4
Shadowing2

지문을 보지 않고 음원만 들으면서 성우의 발음과 억양을 흉내 내어 동시에 따라서 말해 보세요. 최소 2회 이상 반복하고, 성우의 말하는 속도에 맞출 수 있을 때까지 가능한 한 많이 연습하면 좋습니다.

1회☐   2회☐   3회☐   4회☐   5회☐

Step5
Recording

앞에 나왔던 본문 지문을 읽으며 스마트폰으로 녹음해 보세요. 성대모사를 한다고 생각하고 성우의 발음과 억양을 최대한 흉내 내어야 합니다. 녹음 완료 후 성우와 자신의 음성 파일을 비교하며 개선할 점을 적어 보세요.

Day 38

스마트폰 어플 추천

Step 1
Listening

책의 지문을 보지 말고 이 챕터의 음원 파일을 2회 이상 귀 기울여 들어 보세요. 성우의 발음이 잘 들릴 때까지 반복해서 많이 들을수록 리스닝 실력이 향상됩니다.

1회 □   2회 □   3회 □   4회 □   5회 □

Step2 Reading

다음 지문을 읽고, 모르는 단어와 표현은 우측 페이지의 영어로 된 정의를 참고하세요.

John　　　I heard a lot of people go to Namhae for vacation.

Savannah　Yes, the place is **on the rise**. It's a **hot vacation spot**.

John　　　So, I was thinking of going there this summer, but I don't have any information about the place, like **accommodation** and places to eat and things like that.

Savannah　Why don't you download one of the travel apps?

John　　　Travel apps? Is there such a thing?

Savannah　Come on, there are apps for everything nowadays.

John　　　But I'm not really **familiar with** using apps. Could you help me with that?

Savannah　Okay, I'll show you the one I have. This app has **virtually** all the information you need about traveling in Korea.

John　　　Let me see. Wow, it really does have everything. It has all the phone numbers and addresses of the places I want to go.

Savannah　Of course it does. Not only that, you can make reservations for different places and there are a lot of discount coupons that you can use.

John　　　How much is it to download this app?

Savannah　**Free of charge.**

John　　　That's really cool!

Key Expressions

- **on the rise** becoming more popular; increasing in frequency or intensity; going up
- **hot vacation spot** popular vacation place; where a lot of people go for holidays
- **accommodation** a place where travelers can stay overnight, as in a hotel
- **familiar with** to know about something or have experienced it or seen it many times before
- **virtually** almost
- **Free of charge.** free to get in; do not need to pay anything

Translation

John: 남해로 휴가 가는 사람이 많다더라.
Savannah: 응, 거기가 요즘 뜨고 있더라고. 각광받는 휴양지지.
John: 그래서 이번 여름에 거기 가려고 하는데, 남해에 대한 정보가 하나도 없네. 숙소나 식당 같은 그런 정보 말야.
Savannah: 여행 앱 하나 다운받는 게 어때?
John: 여행 앱? 그런 게 있어?
Savannah: 왜 이래, 요즘엔 웬만한 건 앱으로 다 있어.
John: 난 앱 사용이 익숙지 않아서 말이지. 네가 좀 도와줄래?
Savannah: 그래, 내가 가진 걸로 보여 줄게. 국내에서 여행하는 데 필요한 정보는 이 앱에 웬만하면 다 있어.
John: 좀 보자. 우와, 진짜로 다 있네. 내가 가고 싶은 곳들의 전화번호랑 주소가 다 나와 있네.
Savannah: 당연하지. 그뿐만 아니라, 다른 장소도 예약할 수 있고 사용할 수 있는 할인 쿠폰도 정말 많아.
John: 이 앱 다운받는 데 얼만데?
Savannah: 무료야.
John: 진짜 괜찮다!

Step3 Shadowing1 🔊

지문을 보고 음원을 들으면서 성우의 발음과 억양을 흉내 내어 동시에 따라서 말해 보세요. 최소 2회 이상 반복하세요.

1회 ☐   2회 ☐   3회 ☐   4회 ☐   5회 ☐

Step4
Shadowing2

지문을 보지 않고 음원만 들으면서 성우의 발음과 억양을 흉내 내어 동시에 따라서 말해 보세요. 최소 2회 이상 반복하고, 성우의 말하는 속도에 맞출 수 있을 때까지 가능한 한 많이 연습하면 좋습니다.

1회☐　2회☐　3회☐　4회☐　5회☐

Step5
Recording

앞에 나왔던 본문 지문을 읽으며 스마트폰으로 녹음해 보세요. 성대모사를 한다고 생각하고 성우의 발음과 억양을 최대한 흉내 내어야 합니다. 녹음 완료 후 성우와 자신의 음성 파일을 비교하며 개선할 점을 적어 보세요.

Day 39
팟캐스트 방송

Step 1
Listening

책의 지문을 보지 말고 이 챕터의 음원 파일을 2회 이상 귀 기울여 들어 보세요. 성우의 발음이 잘 들릴 때까지 반복해서 많이 들을수록 리스닝 실력이 향상됩니다.

1회 □ 2회 □ 3회 □ 4회 □ 5회 □

Step2 Reading

다음 지문을 읽고, 모르는 단어와 표현은 우측 페이지의 영어로 된 정의를 참고하세요.

Julian   Do you ever listen to any podcasts?

Lucy   Podcast? What is that?

Julian   You've never heard of podcasts before? I think you need to **keep up with** what's going on around you.

Lucy   I know I'm not really **plugged-in** these days. I've been **swamped with** work.

Julian   Okay, there are things called podcasts, which are like radio shows but entirely on the Internet. And a lot of people these days listen to things they find interesting or learn new languages or listen to music via podcasts.

Lucy   Wow, that's new.

Julian   There are a lot of interesting podcasts that I listen to. And there's one particularly interesting program I really enjoy listening to nowadays.

Lucy   What is it?

Julian   It's called *Pops English*. You would **find it interesting** too if you wanted to listen to some cool pop songs and also learn English at the same time.

Lucy   Really? Tell me how to get that podcast right now!

Julian   Okay, easy. I'll tell you what to do.

Key Expressions

- **keep up with** to remain in contact with; keep informed; maintain a required pace
- **plugged-in** in touch with what's going on around you
- **swamped with** very busy with
- **find something interesting** to think something is interesting

Translation

Julian: 넌 팟캐스트 듣는 거 있니?
Lucy: 팟캐스트? 그게 뭔데?
Julian: 팟캐스트라고 들어 본 적 없어? 세상이 어떻게 돌아가는지 관심 좀 갖고 살아라.
Lucy: 요즘 내가 그리 세상 돌아가는 일에 관심을 못 가졌어. 일 때문에 엄청 바빴거든.
Julian: 좋아, 라디오 프로그램과 비슷한 팟캐스트라는 게 있는데 이건 인터넷에서만 하는 거야. 요즘 많은 사람이 이걸로 관심 있는 것들을 듣거나 새로운 언어를 배우기도 하고 음악을 듣기도 해.

Lucy: 와, 그것 참 새롭네.
Julian: 내가 듣는 것 중에도 괜찮은 게 꽤 있어. 요즘 내가 듣는 것 중에서 아주 재미있는 게 하나 있는데.
Lucy: 뭔데?
Julian: '팝스 잉글리시'라고. 너도 잘나가는 팝송도 듣고 영어도 배우고 싶으면 들어 봐. 재미있을 거야.
Lucy: 진짜? 그 팟캐스트 어떻게 하면 들을 수 있는지 당장 말해 줘!
Julian: 알았으니까 진정해. 어떻게 해야 하는지 말해 줄게.

Step3 Shadowing1

지문을 보고 음원을 들으면서 성우의 발음과 억양을 흉내 내어 동시에 따라서 말해 보세요. 최소 2회 이상 반복하세요.

1회☐　2회☐　3회☐　4회☐　5회☐

Step4
Shadowing2

지문을 보지 않고 음원만 들으면서 성우의 발음과 억양을 흉내 내어 동시에 따라서 말해 보세요. 최소 2회 이상 반복하고, 성우의 말하는 속도에 맞출 수 있을 때까지 가능한 한 많이 연습하면 좋습니다.

1회☐   2회☐   3회☐   4회☐   5회☐

Step5
Recording

앞에 나왔던 본문 지문을 읽으며 스마트폰으로 녹음해 보세요. 성대모사를 한다고 생각하고 성우의 발음과 억양을 최대한 흉내 내어야 합니다. 녹음 완료 후 성우와 자신의 음성 파일을 비교하며 개선할 점을 적어 보세요.

Day 40

소셜 네트워크

Step 1
Listening

책의 지문을 보지 말고 이 챕터의 음원 파일을 2회 이상 귀 기울여 들어 보세요. 성우의 발음이 잘 들릴 때까지 반복해서 많이 들을수록 리스닝 실력이 향상됩니다.

1회☐   2회☐   3회☐   4회☐   5회☐

Step2 Reading

다음 지문을 읽고, 모르는 단어와 표현은 우측 페이지의 영어로 된 정의를 참고하세요.

Jenny   It looks like you are going to get **sucked into** your phone. What are you looking at?

Craig   I was checking the messages on my Facebook page. You have a Facebook account too?

Jenny   I have one but I rarely use it.

Craig   Why not? Don't you want to see how your friends are doing?

Jenny   Well, I used to check my Facebook page every day but these days I'm more into Instagram than Facebook.

Craig   Oh, yeah? I've heard of that, but I've never gotten a chance to use it. Is it any different or better than Facebook?

Jenny   I would say Facebook is more **text-oriented**, **whereas** Instagram is **image-oriented**.

Craig   I don't get it. Could you be a little more specific on that?

Jenny   You know how the users of Facebook post a lot of messages on their pages? The users of Instagram post images or pictures on their pages with **hash-tags**. And if people like those images they see, then they leave complimentary comments or click 'like' buttons and so on.

Craig   But I put up a lot of pictures on my Facebook page, too. And it also has other **features** that you just mentioned. I don't see how Instagram is any different from a Facebook page.

Jenny   Why don't you go on and try Instagram yourself? Then you'll see the difference.

Craig   Okay, I'll **get around to it** when I get bored.

Key Expressions

- **suck into** to draw something or someone into something
- **-oriented** mainly concerned with, or directed towards a particular activity or situation
- **whereas** used when comparing two things that are different; in contrast; as opposed to
- **hash-tag** a function of social media whereby words, proceeded by the # symbol, are used to describe or augment the post they are attached to
- **feature** an important part of something
- **get around to** to do something you have intended to do for some time

Translation

Jenny: 너 아주 전화기에 빨려 들어갈 것 같구나. 뭐 보는 거니?
Craig: 내 페이스북에 메시지 좀 확인하고 있었어. 너도 페이스북 쓰니?
Jenny: 나도 계정이 있긴 한데 거의 사용 안 해.
Craig: 왜 안 해? 너 친구들이 어떻게들 지내고 있는지 안 궁금해?
Jenny: 나도 전에는 페이스북 맨날 썼었는데 요즘엔 인스타그램이 더 좋더라고.
Craig: 오, 그래? 나도 들어는 봤는데, 아직 써 볼 생각은 못 했네. 그거 페이스북하고 많이 달라? 더 좋아?
Jenny: 페이스북은 문자 중심이라면, 반면에 인스타그램은 이미지 중심으로 돌아가는 시스템이야.
Craig: 이해가 안 되는데. 조금 더 구체적으로 얘기해 볼래?

Jenny: 페이스북을 쓰는 사람들은 자기 페이지에다가 글을 많이 남기잖아, 근데 인스타그램을 쓰는 사람들은 해시태그를 붙여서 자기 페이지에다가 사진이나 이미지를 올린다고. 그리고 사람들이 그 이미지들이 마음에 들면 멋지다고 댓글을 달거나 '좋아요' 버튼에 클릭을 하고 그래.
Craig: 난 내 페이스북에 사진 많이 올리는데. 그리고 네가 지금 방금 말한 특징들은 페이스북에도 다 있는 것들이잖아. 내가 보기엔 인스타그램과 페이스북의 차이가 전혀 없는 것처럼 보이는데.
Jenny: 그냥 네가 직접 들어가서 써 보는 게 어때? 그럼 차이를 알 수 있을 거야.
Craig: 그래, 나중에 심심해 죽을 것 같을 때 들어가 보도록 할게.

Step3 Shadowing1 🔊

지문을 보고 음원을 들으면서 성우의 발음과 억양을 흉내 내어 동시에 따라서 말해 보세요. 최소 2회 이상 반복하세요.

1회 ☐　　2회 ☐　　3회 ☐　　4회 ☐　　5회 ☐

Step4
Shadowing2

지문을 보지 않고 음원만 들으면서 성우의 발음과 억양을 흉내 내어 동시에 따라서 말해 보세요. 최소 2회 이상 반복하고, 성우의 말하는 속도에 맞출 수 있을 때까지 가능한 한 많이 연습하면 좋습니다.

1회☐　2회☐　3회☐　4회☐　5회☐

Step5
Recording

앞에 나왔던 본문 지문을 읽으며 스마트폰으로 녹음해 보세요. 성대모사를 한다고 생각하고 성우의 발음과 억양을 최대한 흉내 내어야 합니다. 녹음 완료 후 성우와 자신의 음성 파일을 비교하며 개선할 점을 적어 보세요.

Day 41

운전 좀 살살 해

Step 1
Listening

책의 지문을 보지 말고 이 챕터의 음원 파일을 2회 이상 귀 기울여 들어 보세요. 성우의 발음이 잘 들릴 때까지 반복해서 많이 들을수록 리스닝 실력이 향상됩니다.

1회☐　2회☐　3회☐　4회☐　5회☐

Step2 Reading

다음 지문을 읽고, 모르는 단어와 표현은 우측 페이지의 영어로 된 정의를 참고하세요.

Grayson	Make sure you have your seatbelt on because I tend to drive a little wild.
Ellie	Whoa, whoa. Take it easy. You are going over 100 in a 30 mile-an-hour zone.
Grayson	It's okay. There are no police in this area.
Ellie	No, it's not the police that I'm worried about. I don't want to get killed! Slow down, Grayson!
Grayson	But we are **running really late** for this meeting.
Ellie	I'd rather be late to the meeting than die early.
Grayson	You worry too much. See, there are no cars around. So, it's okay.
Ellie	Stop with the **reckless driving** already!
Grayson	Okay, okay, calm down. I'll slow down a little.
Ellie	I'm never getting a ride from you again!
Grayson	It's all your fault if we are late to the meeting.
Ellie	I'll call the boss and tell him we are going to be a little late. He's nice enough to understand that.
Grayson	Last time I was late to work, he **went nuts**. So, don't **push your luck**.
Ellie	That's because you didn't call him **in advance**. And plus, he's more **lenient** towards girls.

Key Expressions

- **running late** behind schedule
- **reckless driving** dangerous and careless driving
- **go nuts** go crazy; act crazily; get very upset
- **push one's luck** to try too hard or risk one's luck to get a particular result
- **in advance** beforehand; before it happens
- **lenient** not strict or severe; generous

Translation

Grayson: 안전벨트 꼭 해. 내가 운전을 좀 터프하게 하거든.
Ellie: 워, 워, 진정해. 너 지금 30마일 지역에서 100마일로 달리고 있어.
Grayson: 괜찮아. 이 동네엔 경찰 없으니까.
Ellie: 아니, 경찰이 문제가 아니야. 난 죽기 싫어! 천천히 좀 가, 그래이슨!
Grayson: 하지만 우리 지금 회의에 너무 늦었어.
Ellie: 일찍 죽는 것보다는 회의에 늦는 게 낫겠어.
Grayson: 넌 참 걱정도 팔자다. 봐봐, 주변에 차가 하나도 없잖아. 그러니까 괜찮다니까.

Ellie: 난폭 운전은 이제 그만 좀 해!
Grayson: 알았다, 알았어, 진정해. 좀 천천히 갈게.
Ellie: 다시는 네 차 안 탈 거야!
Grayson: 우리 회의에 늦으면 다 네 책임이다.
Ellie: 팀장님한테 전화해서 우리 늦는다고 얘기할 거야. 충분히 이해해 주실 거야.
Grayson: 지난번에 나 늦었을 때 완전 광분하시던데. 그러니까, 괜히 애쓰지 마.
Ellie: 네가 미리 전화를 안 했으니까 그렇지. 그리고 또 한 가지는, 팀장님이 여자들한테는 심하게 안 하시거든.

Step3 Shadowing1

지문을 보고 음원을 들으면서 성우의 발음과 억양을 흉내 내어 동시에 따라서 말해 보세요. 최소 2회 이상 반복하세요.

1회 ☐   2회 ☐   3회 ☐   4회 ☐   5회 ☐

Step4
Shadowing2

지문을 보지 않고 음원만 들으면서 성우의 발음과 억양을 흉내 내어 동시에 따라서 말해 보세요. 최소 2회 이상 반복하고, 성우의 말하는 속도에 맞출 수 있을 때까지 가능한 한 많이 연습하면 좋습니다.

1회 □   2회 □   3회 □   4회 □   5회 □

Step5
Recording

앞에 나왔던 본문 지문을 읽으며 스마트폰으로 녹음해 보세요. 성대모사를 한다고 생각하고 성우의 발음과 억양을 최대한 흉내 내어야 합니다. 녹음 완료 후 성우와 자신의 음성 파일을 비교하며 개선할 점을 적어 보세요.

Dictation

음원을 잘 듣고, 받아 적어 보세요.

1. _____

2. _____

3. _____

4. _____

5. _____

6. _____

7. _____

8. _____

9. _____

10. _____

★ Answers

1. Yo, are you trying to pick a fight or something? **2.** I meant figuratively, not literally. **3.** I'm trying to cut down on watching TV. **4.** Any plans for this weekend? **5.** Are you on a diet? **6.** Is there any chance you can teach me how to cook? **7.** Don't be ridiculous, honey. It's an obvious fact. **8.** I don't stick to one genre in particular. **9.** I know I'm not really plugged-in these days.
10. It looks like you are going to get sucked into your phone.

PART
5
학교, 직장

Day 42
시험 벼락치기

Step 1
Listening

책의 지문을 보지 말고 이 챕터의 음원 파일을 2회 이상 귀 기울여 들어 보세요. 성우의 발음이 잘 들릴 때까지 반복해서 많이 들을수록 리스닝 실력이 향상됩니다.

1회☐ 2회☐ 3회☐ 4회☐ 5회☐

Step2 Reading

다음 지문을 읽고, 모르는 단어와 표현은 우측 페이지의 영어로 된 정의를 참고하세요.

Joseph   What time is it now?

Elena   A little past nine.

Joseph   Oh, my God. What am I going to do?

Elena   Hey, **what's the fuss about?**

Joseph   I have an exam for my accounting class at ten. And I totally **slept in**.

Elena   You still have time to get to the class. It's only ten minutes away from here.

Joseph   No, that's not what I'm saying. What I'm saying is that I am so not prepared for it.

Elena   I thought you said you were going to study hard last night.

Joseph   That was my original intention, so I was going to take a nap for an hour and **pull an all-nighter**. But I completely **passed out**. Oh, my God, I'm going to **bomb this test**.

Elena   Take it easy! I'm sure you are more ready than you think you are. Just take a deep breath and **pull yourself together**. You'll do fine.

Joseph   No! I haven't been studying at all for this class throughout the whole semester, so I was planning on **cramming**.

Elena   Oh, no. I'll **keep my fingers crossed** for you.

Key Expressions

- **What's the fuss about?** What's the matter with you?; Why are you acting so excited?
- **sleep in** to sleep until later than usual; to get up late
- **pull an all-nighter** to stay up all night; not get any sleep overnight
- **pass out** to faint; to become unconscious for a short period of time
- **bomb a test** to fail a test; do really poorly on one's test
- **pull yourself together** to be calm and behave normally again after being angry or upset or out of control
- **cram** to study very hard at the last minute for a test
- **keep one's fingers crossed (or cross one's fingers)** to wish for luck by crossing two fingers of one hand

Translation

Joseph: 지금 몇 시니?
Elena: 9시 조금 넘었는데.
Joseph: 맙소사. 이제 난 어쩌지?
Elena: 야, 왜 이리 난리야?
Joseph: 나 10시에 회계학 시험이 있단 말이야. 근데 완전 늦잠 자 버렸잖아.
Elena: 아직 안 늦었어. 여기서 10분이면 가는 거리인데 뭘 그래.
Joseph: 아니, 내 말은 그게 아니고, 그러니까 내 말은 내가 시험 공부를 하나도 못 했다고.
Elena: 너 어젯밤에 열심히 공부하겠다고 그랬잖아.

Joseph: 원래는 그러려고 했지, 그래서 딱 한 시간만 자고 일어나서 밤새우려고 했는데, 그냥 푹 자 버린 거야. 아이고, 나 완전 시험 망쳤다.
Elena: 진정해! 네가 생각한 것보다는 네가 준비가 되어 있을지도 몰라. 심호흡하고 정신 차려 봐. 문제없을 거야.
Joseph: 아니야! 나 이번 학기 내내 공부 하나도 안 했단 말이야, 그래서 벼락치기 하려고 했던 건데.
Elena: 오, 이런, 잘 되길 기도할게.

Step3 Shadowing 1

지문을 보고 음원을 들으면서 성우의 발음과 억양을 흉내 내어 동시에 따라서 말해 보세요. 최소 2회 이상 반복하세요.

1회☐ 2회☐ 3회☐ 4회☐ 5회☐

Step4
Shadowing2

지문을 보지 않고 음원만 들으면서 성우의 발음과 억양을 흉내 내어 동시에 따라서 말해 보세요. 최소 2회 이상 반복하고, 성우의 말하는 속도에 맞출 수 있을 때까지 가능한 한 많이 연습하면 좋습니다.

1회☐   2회☐   3회☐   4회☐   5회☐

Step5
Recording

앞에 나왔던 본문 지문을 읽으며 스마트폰으로 녹음해 보세요. 성대모사를 한다고 생각하고 성우의 발음과 억양을 최대한 흉내 내어야 합니다. 녹음 완료 후 성우와 자신의 음성 파일을 비교하며 개선할 점을 적어 보세요.

Day 43
시험 친 후에

Step 1
Listening

책의 지문을 보지 말고 이 챕터의 음원 파일을 2회 이상 귀 기울여 들어 보세요. 성우의 발음이 잘 들릴 때까지 반복해서 많이 들을수록 리스닝 실력이 향상됩니다.

1회☐ 2회☐ 3회☐ 4회☐ 5회☐

Step2 Reading

다음 지문을 읽고, 모르는 단어와 표현은 우측 페이지의 영어로 된 정의를 참고하세요.

Anthony   How did the exam go?

Lila   Terrible.

Anthony   What happened? The questions were too hard?

Lila   No, I wasn't **feeling too well** because I went out drinking last night.

Anthony   Why would you drink the night before an exam?

Lila   I wasn't planning to, but my roommate was so depressed from **breaking up with** her boyfriend. What was I supposed to do, ignore her?

Anthony   I understand. That happened to me once, too. You can't really do anything in that kind of situation.

Lila   You know what the worst thing is, though? They **got back together** again this morning as if nothing happened.

Anthony   Isn't that a good thing?

Lila   I guess so. But what I'm trying to say is that I didn't have to spend so much time with her last night trying to make her feel better.

Anthony   Well, who knows? Maybe you got a better score than you think you did.

Lila   I hope so. I don't even remember how I did it because I was so **hungover** during the exam.

Key Expressions

- **feel well** feel healthy
- **break up with someone** to lose a boyfriend or girlfriend; to end a romantic relationship with someone
- **get back together** to restart a severed romantic relationship
- **hungover** feeling sick from drinking too much alcohol; not completely recovered from excessive alcohol consumption

Translation

Anthony: 시험 어땠니?
Lila: 끔찍함 그 자체였지.
Anthony: 왜 뭐 때문에? 문제가 너무 어려웠어?
Lila: 아니, 어젯밤에 술을 너무 많이 마셔서 내 상태가 별로 안 좋았거든.
Anthony: 시험 전날 도대체 술을 왜 마신 거니?
Lila: 그러려고 했던 건 아닌데 내 룸메이트가 남자친구랑 헤어졌다고 너무 우울해하더라고, 그러니까 어떻게 해, 그냥 무시할 수는 없잖아?
Anthony: 이해는 된다. 나도 예전에 한 번 그런 적이 있어. 그런 상황이면 어쩔 도리가 없지.
Lila: 근데 더 끔찍한 건 뭔지 알아? 걔네들 마치 아무 일도 없었다는 듯이 오늘 아침에 다시 만나고 있더라고.
Anthony: 그럼 좋은 거 아닌가?
Lila: 그렇긴 하지. 하지만 내 말은 그러니까 걔 기분 위로해 주려고 어젯밤에 내가 대체 왜 그렇게 쓸데없이 시간을 허비했느냐는 거지.
Anthony: 뭐 누가 알겠어? 어쩌면 네가 생각하는 것보다 점수가 잘 나올지도 모르잖아.
Lila: 나도 그랬으면 좋겠다. 시험 보는 동안 숙취가 심해서 도대체 어떻게 봤는지 기억도 안 나.

Step3 Shadowing 1

지문을 보고 음원을 들으면서 성우의 발음과 억양을 흉내 내어 동시에 따라서 말해 보세요. 최소 2회 이상 반복하세요.

1회☐   2회☐   3회☐   4회☐   5회☐

Step4
Shadowing2

지문을 보지 않고 음원만 들으면서 성우의 발음과 억양을 흉내 내어 동시에 따라서 말해 보세요. 최소 2회 이상 반복하고, 성우의 말하는 속도에 맞출 수 있을 때까지 가능한 한 많이 연습하면 좋습니다.

1회☐　2회☐　3회☐　4회☐　5회☐

Step5
Recording

앞에 나왔던 본문 지문을 읽으며 스마트폰으로 녹음해 보세요. 성대모사를 한다고 생각하고 성우의 발음과 억양을 최대한 흉내 내어야 합니다. 녹음 완료 후 성우와 자신의 음성 파일을 비교하며 개선할 점을 적어 보세요.

Day 44

방학 후 몰라보는 남녀

Step 1
Listening

책의 지문을 보지 말고 이 챕터의 음원 파일을 2회 이상 귀 기울여 들어 보세요. 성우의 발음이 잘 들릴 때까지 반복해서 많이 들을수록 리스닝 실력이 향상됩니다.

1회☐ 2회☐ 3회☐ 4회☐ 5회☐

Step2 Reading

다음 지문을 읽고, 모르는 단어와 표현은 우측 페이지의 영어로 된 정의를 참고하세요.

Maya   Hi, Max.

Max   Excuse me, you **look very familiar**. Who are you?

Maya   **Drop it**, Max. You know who I am.

Max   You do certainly look like a girl I know from physics class. But you are a lot prettier than her.

Maya   I **had an eye job** over the summer. Do I look that different?

Max   Oh, my God. Are you Maya? You look a thousand times better than before. I totally didn't recognize you.

Maya   I know you are not being serious, but thanks for the **compliment** anyway.

Max   I am dead serious. You look **breathtakingly dazzling**.

Maya   Haha, **knock it off**, Max. By the way, you're looking great yourself. What have you done?

Max   I worked out really hard over the summer and lost about 30 pounds.

Maya   Maybe I should start working out too.

Max   With the face that you have now, I don't think you need to.

Maya   Wait a minute, are you **coming on to** me?

Max   Was I that obvious?

Maya   Yes, you were. And I like it.

Key Expressions

- **look familiar** look like someone or something I know
- **drop it** Stop joking; Stop talking about it.
- **have an eye job** to have plastic surgery on one's eye or eyes
- **compliment** an expression of one's respect or admiration
- **breathtakingly** very much; extremely
- **dazzling** amazingly impressive; shining intensely
- **knock it off** stop it; stop doing something
- **come on to** to try to attract someone sexually; flirt with

Translation

Maya: 안녕, 맥스.
Max: 실례지만, 어디서 많이 뵌 분 같긴 한데요. 누구시죠?
Maya: 이러지 마, 맥스. 나 누군지 알잖아.
Max: 나랑 물리학 수업 같이 듣는 여자하고 정말 비슷하게 생기신 것 같긴 한데. 그 사람보다는 훨씬 더 예쁘시네요.
Maya: 나 여름방학에 눈수술 했어. 그렇게 달라 보이니?
Max: 이런, 세상에. 너 마야니? 너 옛날보다 천 배는 더 예뻐졌다. 진짜 못 알아봤어.
Maya: 너 장난하는 거 다 알아, 그래도 칭찬해 주니 고맙네.

Max: 나 절대 장난하는 거 아니야. 너 숨이 멎을 정도로 엄청나게 예뻐.
Maya: 하하, 그만해, 맥스. 암튼, 너도 엄청 멋있어 보이는데. 어떻게 된 거야?
Max: 난 여름방학 동안 운동을 장난 아니게 해서 30파운드 뺐어.
Maya: 나도 너처럼 운동해야겠다.
Max: 얼굴이 이렇게 예쁜데, 운동 같은 거 안 해도 될 것 같아.
Maya: 잠깐, 너 혹시 나한테 작업 거는 거니?
Max: 너무 뻔했나?
Maya: 완전. 근데 기분은 좋다.

Step3 Shadowing1

지문을 보고 음원을 들으면서 성우의 발음과 억양을 흉내 내어 동시에 따라서 말해 보세요. 최소 2회 이상 반복하세요.

1회☐ 2회☐ 3회☐ 4회☐ 5회☐

Step4
Shadowing2

지문을 보지 않고 음원만 들으면서 성우의 발음과 억양을 흉내 내어 동시에 따라서 말해 보세요. 최소 2회 이상 반복하고, 성우의 말하는 속도에 맞출 수 있을 때까지 가능한 한 많이 연습하면 좋습니다.

1회☐　2회☐　3회☐　4회☐　5회☐

Step5
Recording

앞에 나왔던 본문 지문을 읽으며 스마트폰으로 녹음해 보세요. 성대모사를 한다고 생각하고 성우의 발음과 억양을 최대한 흉내 내어야 합니다. 녹음 완료 후 성우와 자신의 음성 파일을 비교하며 개선할 점을 적어 보세요.

Day 45

동료를 칭찬하며 친해지기

Step 1
Listening

책의 지문을 보지 말고 이 챕터의 음원 파일을 2회 이상 귀 기울여 들어 보세요. 성우의 발음이 잘 들릴 때까지 반복해서 많이 들을수록 리스닝 실력이 향상됩니다.

1회☐　2회☐　3회☐　4회☐　5회☐

Step2 Reading

다음 지문을 읽고, 모르는 단어와 표현은 우측 페이지의 영어로 된 정의를 참고하세요.

Christian	How are you, Victoria?
Victoria	I'm great. How are you?
Christian	**Not too bad.**
Victoria	I like your shirt.
Christian	Thanks. This is my first time wearing it.
Victoria	It **looks so good on you**. Not many guys look good in pink but you are definitely one of the few.
Christian	Thanks again. I like the way you compliment people. You make other people feel good about themselves.
Victoria	Thank you. But I only compliment those who deserve it.
Christian	I think you are a **genuinely** nice person.
Victoria	I don't think I am because I'm only nice to people who are nice to me.
Christian	Trust me. You are so much nicer than anybody I know.
Victoria	By the way, I was going out to get some coffee, do you want some coffee or something to drink?
Christian	I can go with you if you wouldn't mind.
Victoria	Of course not. **I could use some company.**

Key Expressions

- **Not too bad.** fine; all right; okay; used when someone asks you a question like "How are you?" or "How's it going?"
- **look good on you** used as a compliment when someone looks good in certain clothes or shoes, etc.
- **genuinely** really; truly; in truth
- **I could use some company.** It would be nice to be or go with someone; I want to spend time with someone.

Translation

Christian: 잘 지내요, 빅토리아 씨?
Victoria: 전 잘 지내요. 당신은요?
Christian: 저도 그런대로 괜찮아요.
Victoria: 셔츠가 예쁘네요.
Christian: 고마워요. 이거 오늘 처음 입은 거예요.
Victoria: 잘 어울려요. 분홍색을 소화할 수 있는 남자는 몇 안 되는데 당신이 그중 하나인 것 같네요.
Christian: 아이고 다시 또 고마워요. 빅토리아 씨는 사람들 칭찬을 잘 해 주셔서 좋아요. 다른 사람들의 기분을 좋게 해 주는 능력이 있으신 것 같아요.
Victoria: 고마워요. 하지만 전 칭찬받을 만한 사람한테만 칭찬해 줘요.
Christian: 제 생각에 당신은 천성적으로 착하신 분인 것 같아요.
Victoria: 아닐걸요. 왜냐하면 전 저한테 잘해 주는 사람들한테만 잘하거든요.
Christian: 제 말 믿으세요. 빅토리아 씨는 제가 아는 그 누구보다 착하세요.
Victoria: 아, 저 커피 사러 나가던 참인데 혹시 커피나 뭐 마실 거 사다 드릴까요?
Christian: 괜찮으시다면 같이 가도 될까요?
Victoria: 당연히 괜찮죠. 같이 가면 저야 좋죠.

Step3 Shadowing1

지문을 보고 음원을 들으면서 성우의 발음과 억양을 흉내 내어 동시에 따라서 말해 보세요. 최소 2회 이상 반복하세요.

1회☐ 2회☐ 3회☐ 4회☐ 5회☐

Step4
Shadowing2

지문을 보지 않고 음원만 들으면서 성우의 발음과 억양을 흉내 내어 동시에 따라서 말해 보세요. 최소 2회 이상 반복하고, 성우의 말하는 속도에 맞출 수 있을 때까지 가능한 한 많이 연습하면 좋습니다.

1회☐　2회☐　3회☐　4회☐　5회☐

Step5
Recording

앞에 나왔던 본문 지문을 읽으며 스마트폰으로 녹음해 보세요. 성대모사를 한다고 생각하고 성우의 발음과 억양을 최대한 흉내 내어야 합니다. 녹음 완료 후 성우와 자신의 음성 파일을 비교하며 개선할 점을 적어 보세요.

Day 46

퇴근 후
한잔 어때?

Step 1
Listening

책의 지문을 보지 말고 이 챕터의 음원 파일을 2회 이상 귀 기울여 들어 보세요. 성우의 발음이 잘 들릴 때까지 반복해서 많이 들을수록 리스닝 실력이 향상됩니다.

1회☐ 2회☐ 3회☐ 4회☐ 5회☐

Step2 Reading

다음 지문을 읽고, 모르는 단어와 표현은 우측 페이지의 영어로 된 정의를 참고하세요.

Gavin   You want to **grab a drink** after work, Claire?

Claire Oh, I would love to, but I have a **previous engagement** with my high school friends.

Gavin   Okay. But I think you are kind of trying to avoid drinking with us. You always seem to have other plans.

Claire No, I'm not trying to avoid drinking with you guys. It's just that I **happen to** have other plans.

Gavin   Okay, then. How about you come join us later when you are done meeting your friends?

Claire Okay, if it's not too late, I'll **text you**. By the way, how long do you think you guys are going to be drinking?

Gavin   Pretty late I think. **Say around** midnight? When we go out drinking, we **drink hard**.

Claire Okay, change of plans. I don't think I'll be joining you guys.

Gavin   Why not?

Claire Because I don't drink that much and plus, I can't stay out that late. I can't function well if I don't get enough sleep.

Gavin   Don't worry. We'll let you leave early. I just want you to try and **mingle** with your **colleagues**.

Claire Okay, fair enough. I'll try my best to join you guys later.

Key Expressions

- **grab a drink** to go out for a drink
- **previous engagement** an appointment or a plan made before
- **happen to** without any intention of doing so
- **text someone** to send a text message to someone
- **say around** used when talking about time, meaning "for example, around"
- **drink hard** to drink very much; to drink heavily
- **mingle** to become mixed; to take part in social activities
- **colleague** a person who works with you

Translation

Gavin: 퇴근하고 술 한잔 할래요, 클레어 씨?
Claire: 어, 저도 정말 그러고 싶긴 한데 오늘은 고등학교 동창들과 선약이 있어서요.
Gavin: 네. 근데 클레어 씨는 우리하고 술 먹는 거 일부러 피하시는 것 같기도 하네요. 늘 다른 약속이 있다고 하는 걸 보면.
Claire: 아니에요, 피하다니요. 그냥 어쩌다 보니 자꾸 약속이 있네요.
Gavin: 그래요, 그럼. 친구들 만난 다음에 우리 쪽으로 와서 합류하는 건 어떠세요?
Claire: 네, 너무 늦지만 않으면요, 문자 보낼게요. 근데, 얼마나 늦게까지 술을 마실 건가요?

Gavin: 아마 많이 늦게까지 있을걸요. 밤 12시 정도? 우린 한번 마시면 작정하고 마시거든요.
Claire: 알겠어요, 저 계획 변경이요. 오늘 합류한다는 말은 없던 걸로 할게요.
Gavin: 왜 그래요?
Claire: 전 술 잘 못하는데다가 집에 늦게 들어가면 안 돼요. 전 잠을 제대로 못 자면 그 다음 날 너무 고생하거든요.
Gavin: 걱정 말아요. 금방 보내 줄 테니까. 전 그저 당신이 동료들하고 같이 좀 어울렸으면 하거든요.
Claire: 네, 그러면 좋아요. 있다가 최대한 가도록 노력해 볼게요.

Step3 Shadowing1

지문을 보고 음원을 들으면서 성우의 발음과 억양을 흉내 내어 동시에 따라서 말해 보세요. 최소 2회 이상 반복하세요.

1회☐ 2회☐ 3회☐ 4회☐ 5회☐

Step4
Shadowing2

지문을 보지 않고 음원만 들으면서 성우의 발음과 억양을 흉내 내어 동시에 따라서 말해 보세요. 최소 2회 이상 반복하고, 성우의 말하는 속도에 맞출 수 있을 때까지 가능한 한 많이 연습하면 좋습니다.

1회 ☐   2회 ☐   3회 ☐   4회 ☐   5회 ☐

Step5
Recording

앞에 나왔던 본문 지문을 읽으며 스마트폰으로 녹음해 보세요. 성대모사를 한다고 생각하고 성우의 발음과 억양을 최대한 흉내 내어야 합니다. 녹음 완료 후 성우와 자신의 음성 파일을 비교하며 개선할 점을 적어 보세요.

Day 47

집들이에 초대하기

Step 1
🎧 Listening

책의 지문을 보지 말고 이 챕터의 음원 파일을 2회 이상 귀 기울여 들어 보세요. 성우의 발음이 잘 들릴 때까지 반복해서 많이 들을수록 리스닝 실력이 향상됩니다.

1회☐ 2회☐ 3회☐ 4회☐ 5회☐

Step2 Reading

다음 지문을 읽고, 모르는 단어와 표현은 우측 페이지의 영어로 된 정의를 참고하세요.

Mila   Evan, **how's married life treating you**?

Evan   Better than ever. I don't know why I didn't get married sooner.

Mila   I can't believe you are saying that; you used to always say that marriage is an **outdated institution**.

Evan   Did I really say that? Are you sure that was me? I don't think it was because I think marriage is a blessing.

Mila   I can't believe how a man can change so **drastically**.

Evan   Oh, by the way, we are having a **housewarming party** this Saturday. Will you be able to come?

Mila   Absolutely. I've been looking forward to it. What time should I be there?

Evan   We were thinking of having dinner together with everybody, so if you can come around 6, that should be about right.

Mila   Okay, I'll be there at 6. Is it going to be a **potluck?** Should I be bringing anything?

Evan   It's not going to be a potluck. My wife is into cooking these days, so she wants to use this opportunity to cook for all my colleagues. So, just **show up**. You don't need to bring anything.

Mila   Awesome! Then, I'll just bring myself to the party.

Key Expressions

- **How's married life treating you?** How is your life after getting married?; Are you happy with your marriage?
- **outdated institution** old tradition; old-fashioned custom or practice
- **drastically** dramatically; by a lot; extreme in effect
- **housewarming party** a party given after moving into a new home
- **potluck** an informal meal where all guests bring dishes they've prepared that are then shared
- **show up** appear; come

Translation

Mila: 에반, 결혼 생활은 어떠세요?
Evan: 아주 좋아요. 왜 진작 결혼을 안 했나 싶을 정도라니까요.
Mila: 당신 입에서 그런 말이 나오다니 정말 놀라운데요. 결혼은 시대에 뒤떨어진 관습이라고 늘 입에 달고 다니시던 분인데 말이에요.
Evan: 제가 진짜 그런 말을 했어요? 그거 진짜 저 맞아요? 왠지 아닌 것 같은데 왜냐하면 제 생각에 결혼은 그야말로 축복이거든요.
Mila: 사람이 어떻게 이렇게 급격하게 변할 수 있는지 정말 놀라울 따름이네요.
Evan: 아 참, 이번 주 토요일에 저희 집 집들이 해요. 오실 수 있으세요?
Mila: 당연히 가야죠. 얼마나 기대했었는데. 몇 시까지 갈까요?
Evan: 모두 오시면 저녁 식사 같이 하려고 하니까 한 6시쯤 오시면 괜찮을 것 같아요.
Mila: 네, 6시에 갈게요. 음식은 각자 가져가는 건가요? 저도 뭐 가져갈까요?
Evan: 팟럭 파티 아니에요. 제 아내가 요즘 요리에 빠져서 이번 기회에 제 직장 동료들을 위해서 요리를 하고 싶다고 하네요. 그러니까, 그냥 오시기만 하면 돼요, 아무것도 가져오지 마세요.
Mila: 멋지네요! 그럼, 전 제 몸만 가겠습니다.

Step3 Shadowing1

지문을 보고 음원을 들으면서 성우의 발음과 억양을 흉내 내어 동시에 따라서 말해 보세요. 최소 2회 이상 반복하세요.

1회☐ 2회☐ 3회☐ 4회☐ 5회☐

Step4
Shadowing2

지문을 보지 않고 음원만 들으면서 성우의 발음과 억양을 흉내 내어 동시에 따라서 말해 보세요. 최소 2회 이상 반복하고, 성우의 말하는 속도에 맞출 수 있을 때까지 가능한 한 많이 연습하면 좋습니다.

1회 ☐   2회 ☐   3회 ☐   4회 ☐   5회 ☐

Step5
Recording

앞에 나왔던 본문 지문을 읽으며 스마트폰으로 녹음해 보세요. 성대모사를 한다고 생각하고 성우의 발음과 억양을 최대한 흉내 내어야 합니다. 녹음 완료 후 성우와 자신의 음성 파일을 비교하며 개선할 점을 적어 보세요.

Day 48

월드컵 우승팀 내기하기

Step 1
Listening

책의 지문을 보지 말고 이 챕터의 음원 파일을 2회 이상 귀 기울여 들어 보세요. 성우의 발음이 잘 들릴 때까지 반복해서 많이 들을수록 리스닝 실력이 향상됩니다.

1회☐ 2회☐ 3회☐ 4회☐ 5회☐

Step2 Reading

다음 지문을 읽고, 모르는 단어와 표현은 우측 페이지의 영어로 된 정의를 참고하세요.

Sebastian Who do you think is going to be the World Cup champion?

Audrey Argentina. **That goes without saying.** Who else is going to win the championship?

Sebastian Come on, the German team is the best. And you should know that by now.

Audrey Excuse me! Haven't you heard of the name Lionel Messi? When I think of the German team, there just isn't a name that **pops up** in my head.

Sebastian That's because the German team is all about team playing. They don't rely on just one guy to carry the team's destiny on his back all by himself.

Audrey Hey, you want to **make a bet** on who's going to win this World Cup?

Sebastian How much do you want to bet?

Audrey I bet $50 on Argentina.

Sebastian That's it? I bet $100 on Germany.

Audrey Okay, $100 it is then. No **backing down**! It's official now!

Sebastian **Winner takes all.** Deal?

Audrey Deal! God, I'm so **psyched**!

Key Expressions

- **That goes without saying.** Something is so obvious that you don't need to say anything.
- **pop up** to appear suddenly or unexpectedly
- **make a bet** to gamble; to take a chance on winning
- **back down** to decide not to do something because you are scared or intimidated; to yield to a person or a thing
- **Winner takes all.** Whoever wins takes the entire amount.
- **psyched** excited

Translation

Sebastian: 이번 월드컵에 누가 우승할 것 같니?
Audrey: 아르헨티나지. 너무 뻔한 거 아니니. 아르헨티나 말고 우승할 만한 팀이 없잖아?
Sebastian: 왜 이래, 독일이 최강이지. 너도 이제 그 정도는 알 때가 됐잖아.
Audrey: 여보세요! 너 리오넬 메시 모르니? 독일 팀 생각하면 딱히 떠오르는 이름도 없는걸.
Sebastian: 그거야 독일 팀은 팀플레이가 최강이기 때문이지. 독일 팀은 단 한 명의 선수가 팀의 운명을 좌지우지하게 하는 그런 팀이 아니라고.

Audrey: 야, 너 그럼 이번 월드컵에서 누가 이길지 맞히기 내기할래?
Sebastian: 너 얼마 걸 건데?
Audrey: 난 아르헨티나에 50달러 건다.
Sebastian: 겨우? 난 독일에 100달러 건다.
Audrey: 그래, 그럼 100달러로 하자. 중간에 빠지기 없기! 우리 진짜로 하는 거야!
Sebastian: 이긴 사람이 다 먹기. 어때?
Audrey: 좋아! 이야, 완전 흥분되는데!

Step3 Shadowing1

지문을 보고 음원을 들으면서 성우의 발음과 억양을 흉내 내어 동시에 따라서 말해 보세요. 최소 2회 이상 반복하세요.

1회☐   2회☐   3회☐   4회☐   5회☐

Step4
Shadowing2

지문을 보지 않고 음원만 들으면서 성우의 발음과 억양을 흉내 내어 동시에 따라서 말해 보세요. 최소 2회 이상 반복하고, 성우의 말하는 속도에 맞출 수 있을 때까지 가능한 한 많이 연습하면 좋습니다.

1회□　2회□　3회□　4회□　5회□

Step5
Recording

앞에 나왔던 본문 지문을 읽으며 스마트폰으로 녹음해 보세요. 성대모사를 한다고 생각하고 성우의 발음과 억양을 최대한 흉내 내어야 합니다. 녹음 완료 후 성우와 자신의 음성 파일을 비교하며 개선할 점을 적어 보세요.

Day 49
아르바이트 자리 문의하기

Step 1
Listening

책의 지문을 보지 말고 이 챕터의 음원 파일을 2회 이상 귀 기울여 들어 보세요. 성우의 발음이 잘 들릴 때까지 반복해서 많이 들을수록 리스닝 실력이 향상됩니다.

1회 ☐   2회 ☐   3회 ☐   4회 ☐   5회 ☐

Step2 Reading

다음 지문을 읽고, 모르는 단어와 표현은 우측 페이지의 영어로 된 정의를 참고하세요.

Matthew	Are you hiring?
Hailey	Yes, we are. You must have read the sign on the front door, huh?
Matthew	Yes, I have. And I'm looking for a part-time job for the summer.
Hailey	Have you worked at a fast food restaurant before?
Matthew	No, I have not. But I have other part-time job experience.
Hailey	Such as?
Matthew	I worked as a **bus boy** at a hotel. And I also worked as a **bat boy** at Fenway Park.
Hailey	Very interesting. How old are you?
Matthew	I'm 19.
Hailey	Okay, we **have an opening for** a cashier. Do you think you would be able to do that?
Matthew	If you teach me how to do it, then I will do my best.
Hailey	There's going to be a short training session for the position. So, you won't have any trouble.
Matthew	Am I accepted? Are you hiring me?
Hailey	No, we don't know yet. You have to fill out the application first. There are more than a hundred **applicants** for this position.
Matthew	**What a bummer!**

Key Expressions

- **bus boy** a restaurant employee who collects dirty dishes, sets tables, and serves as an assistant to the waitstaff
- **bat boy** a boy who is employed by a baseball team to look after its equipment, especially the bats
- **have an opening for** have an open position to work
- **applicant** a person who applies for a position of some kind
- **What a bummer!** How disappointing!; That's depressing!

Translation

Matthew: 직원 구하시나요?
Hailey: 네. 문 앞에 붙여 놓은 거 보고 오셨나 보네요. 그렇죠?
Matthew: 네. 여름방학 동안 일할 수 있는 아르바이트를 구하고 있는 중이거든요.
Hailey: 패스트푸드 식당에서 일해 본 적 있나요?
Matthew: 아뇨. 하지만 다른 아르바이트는 해 본 적 있어요.
Hailey: 어떤 것들이요?
Matthew: 호텔에서 버스 보이로도 일하고 펜웨이 야구장에서 배트 보이로도 일했어요.
Hailey: 흥미롭네요. 지금 나이가 어떻게 되죠?

Matthew: 19살이에요.
Hailey: 좋아요. 우리 가게 계산대에 직원이 한 명 필요한데요. 하실 수 있겠어요?
Matthew: 어떻게 하는지 가르쳐만 주신다면 열심히 배우겠습니다.
Hailey: 일 관련해서 간단한 교육이 있을 테니까 문제 없을 거예요.
Matthew: 저 그럼 합격인가요? 저를 고용하신 건가요?
Hailey: 아니요. 아직은 아니에요. 신청서 먼저 쓰셔야 해요. 이 일자리에 신청한 사람만 백 명이 넘어요.
Matthew: 뭐야 이거 완전 힘 빠지네!

Step3 Shadowing1

지문을 보고 음원을 들으면서 성우의 발음과 억양을 흉내 내어 동시에 따라서 말해 보세요. 최소 2회 이상 반복하세요.

1회☐   2회☐   3회☐   4회☐   5회☐

Step4
Shadowing2

지문을 보지 않고 음원만 들으면서 성우의 발음과 억양을 흉내 내어 동시에 따라서 말해 보세요. 최소 2회 이상 반복하고, 성우의 말하는 속도에 맞출 수 있을 때까지 가능한 한 많이 연습하면 좋습니다.

1회☐　2회☐　3회☐　4회☐　5회☐

Step5
Recording

앞에 나왔던 본문 지문을 읽으며 스마트폰으로 녹음해 보세요. 성대모사를 한다고 생각하고 성우의 발음과 억양을 최대한 흉내 내어야 합니다. 녹음 완료 후 성우와 자신의 음성 파일을 비교하며 개선할 점을 적어 보세요.

Dictation

음원을 잘 듣고, 받아 적어 보세요.

1. _____
2. _____
3. _____
4. _____
5. _____
6. _____
7. _____
8. _____
9. _____
10. _____

★ **Answers**

1. Hey, what's the fuss about? **2.** How did the exam go? **3.** I had an eye job over the summer. **4.** I am dead serious. You look breathtakingly dazzling.
5. I think you are a genuinely nice person. **6.** You want to grab a drink after work, Claire? **7.** Evan, how's married life treating you? **8.** No backing down! It's official now! **9.** Winner takes all. Deal? **10.** Okay, we have an opening for a cashier.

PART

6

쇼핑, 맛집

Day 50

노트북
추천 받기

Step 1
🎧 Listening

책의 지문을 보지 말고 이 챕터의 음원 파일을 2회 이상 귀 기울여 들어 보세요. 성우의 발음이 잘 들릴 때까지 반복해서 많이 들을수록 리스닝 실력이 향상됩니다.

1회 ☐   2회 ☐   3회 ☐   4회 ☐   5회 ☐

Step2 Reading

다음 지문을 읽고, 모르는 단어와 표현은 우측 페이지의 영어로 된 정의를 참고하세요.

Jacob   You are **good with computers**, right?

Emily   Better than most of the people around me.

Jacob   I need to get a laptop for work. And I was wondering if you could help me find a good one at a **reasonable price**.

Emily   How much money are you willing to spend?

Jacob   About $800 or so. But the cheaper the better.

Emily   Are you going for the **look** or **functionality** or both?

Jacob   I don't really care about the appearance. But I would like it to be very light, if possible.

Emily   All right, if you are looking for something very light, the MacBook Air would be your first choice.

Jacob   But doesn't it go way over my **budget**?

Emily   Not if you get a used one.

Jacob   Get a used one? Isn't it kind of risky to get a used computer?

Emily   **Not necessarily.** Especially if you get one from someone you know.

Jacob   Do you know anyone who wants to sell a MacBook Air?

Emily   Give me the $800 you have. I'll give you the one that I've been using.

Jacob   I'll give you $700.

Key Expressions

- **good with computers** adept at using computers; have broad knowledge and experience related to computer systems
- **reasonable price** cheap; not expensive
- **look** appearance; aesthetic
- **functionality** the quality of having a practical use; the things that a computer or other electronic systems can do
- **budget** a plan used to decide the amount of money that can be spent; an amount of money available for spending
- **Not necessarily.** Not always; Not required; That's not always the case.

Translation

Jacob: 너 컴퓨터 잘하지, 맞지?
Emily: 내 주변 대부분의 사람들보다는 잘하지.
Jacob: 일하는 것 때문에 노트북이 하나 필요한데, 네가 가격 안 비싼 걸로 괜찮은 거 아는지 궁금해서.
Emily: 얼마 정도 쓸 생각인데?
Jacob: 한 800달러 정도. 하지만 쌀수록 좋아.
Emily: 디자인이 중요해, 아니면 기능성, 아니면 둘 다?
Jacob: 난 디자인은 별로 신경 안 써. 가능하면 아주 가벼운 거였으면 좋겠어.
Emily: 알았다. 아주 가벼운 걸 찾는 거라면 맥북 에어가 제일 좋을 것 같네.
Jacob: 하지만 그건 내 예산 범주에서 너무 벗어나는 것 같은데?
Emily: 중고로 사면 안 그렇지.
Jacob: 중고로? 중고 컴퓨터를 사는 건 좀 위험하지 않나?
Emily: 꼭 그렇지도 않아. 특히 아는 사람한테 사면 그래도 안전하지.
Jacob: 맥북 에어 팔고 싶어 하는 사람 누구 알고 있어?
Emily: 네가 가지고 있다던 800달러 나 줘. 내가 쓰던 것 줄게.
Jacob: 700달러 줄게.

Step3 Shadowing 1

지문을 보고 음원을 들으면서 성우의 발음과 억양을 흉내 내어 동시에 따라서 말해 보세요. 최소 2회 이상 반복하세요.

1회 ☐   2회 ☐   3회 ☐   4회 ☐   5회 ☐

Step4
Shadowing2

지문을 보지 않고 음원만 들으면서 성우의 발음과 억양을 흉내 내어 동시에 따라서 말해 보세요. 최소 2회 이상 반복하고, 성우의 말하는 속도에 맞출 수 있을 때까지 가능한 한 많이 연습하면 좋습니다.

1회☐   2회☐   3회☐   4회☐   5회☐

Step5
Recording

앞에 나왔던 본문 지문을 읽으며 스마트폰으로 녹음해 보세요. 성대모사를 한다고 생각하고 성우의 발음과 억양을 최대한 흉내 내어야 합니다. 녹음 완료 후 성우와 자신의 음성 파일을 비교하며 개선할 점을 적어 보세요.

Day 51

쇼핑중독 여자친구

Step 1
Listening

책의 지문을 보지 말고 이 챕터의 음원 파일을 2회 이상 귀 기울여 들어 보세요. 성우의 발음이 잘 들릴 때까지 반복해서 많이 들을수록 리스닝 실력이 향상됩니다.

1회 □   2회 □   3회 □   4회 □   5회 □

Step2 Reading

다음 지문을 읽고, 모르는 단어와 표현은 우측 페이지의 영어로 된 정의를 참고하세요.

Caden   Baby, I think you should cut down on shopping. It's becoming a serious issue now.

Lily   I don't understand why you are saying that. You think I shop too much?

Caden   Hello? Don't you realize that you are like a **shopaholic**? Please, read your credit card statement and see how much you spent last month on shopping.

Lily   I spent $2,000. And that's not too much. I have friends who spend more than $5,000 on shopping every month.

Caden   We are not talking about others. We are talking about you. How much do you make a month? What's your salary like?

Lily   I make enough money. My monthly salary is about $2,200.

Caden   Which means you spend almost all of your salary on shopping every month. Don't you think that's a little too much?

Lily   I can spend my money the way I want to spend it.

Caden   It's just impossible to **get my message across** to you.

Lily   I have friends who are **bankrupt** from shopping too much. I don't even have any debt.

Caden   Again, we are not talking about your friends. We are talking about you, your lifestyle and your future. Don't you get it?

Lily   Don't talk to me like you are my dad or something.

Caden   All right. I give up. After all, it's your life. **Who am I to judge?**

Key Expressions

- **shopaholic** a person who is addicted to shopping; a person who enjoys shopping too much
- **get one's message across** to make someone clearly understand what you are trying to say; communicate successfully
- **bankrupt** unable to pay debts; go out of business
- **Who am I to judge?** I am not qualified or in any position to judge the situation.

Translation

Caden: 자기야, 내 생각엔 자기 쇼핑 좀 줄여야 될 것 같아. 문제가 좀 심각해.
Lily: 난 당신이 왜 그렇게 얘기하는지 이해가 안 되는데. 내가 쇼핑을 너무 많이 하는 것 같아?
Caden: 여보세요? 자긴 본인이 쇼핑중독자라는 거 몰라? 제발, 신용카드 고지서 한번 봐 봐. 지난달에 쇼핑으로 얼마를 썼는지 좀 보라고.
Lily: 2천 달러 썼네. 별로 많이 안 썼잖아. 내 친구 중에는 매달 쇼핑에 5천 달러 이상 쓰는 애들도 있다고.
Caden: 다른 사람들 얘기하는 게 아니잖아. 자기 얘기하는 거라고. 자기 한 달에 얼마나 벌어? 월급이 얼마야?
Lily: 충분히 많이 벌어. 나 한 달에 2천2백 달러 번다고.

Caden: 그러니까 매달 쇼핑하는 데 월급을 거의 다 쓴다는 얘기잖아. 자기는 좀 과하다고 생각 안 해?
Lily: 내 돈인데 내가 쓰고 싶은 대로 써도 되지 뭐가 문제야.
Caden: 자기는 도대체 말이 안 통하는 사람이구나.
Lily: 내 친구 중엔 쇼핑을 하도 많이 해서 파산한 친구들도 있다고. 난 빚진 것도 없어.
Caden: 다시 한 번 말하지만, 우린 지금 자기 친구들의 얘기를 하는 게 아니라고. 자기에 대해, 자기의 생활 습관과 미래에 대해서 얘기하고 있잖아. 이해 안 돼?
Lily: 당신이 뭐 우리 아빠라도 되는 것처럼 얘기하지 마.
Caden: 알았어. 내가 포기할게. 뭐 네 인생인데 내가 뭐라고 이래라저래라 하겠니.

Step3 Shadowing1

지문을 보고 음원을 들으면서 성우의 발음과 억양을 흉내 내어 동시에 따라서 말해 보세요. 최소 2회 이상 반복하세요.

1회 ☐   2회 ☐   3회 ☐   4회 ☐   5회 ☐

Step4
Shadowing2

지문을 보지 않고 음원만 들으면서 성우의 발음과 억양을 흉내 내어 동시에 따라서 말해 보세요. 최소 2회 이상 반복하고, 성우의 말하는 속도에 맞출 수 있을 때까지 가능한 한 많이 연습하면 좋습니다.

1회 ☐   2회 ☐   3회 ☐   4회 ☐   5회 ☐

Step5
Recording

앞에 나왔던 본문 지문을 읽으며 스마트폰으로 녹음해 보세요. 성대모사를 한다고 생각하고 성우의 발음과 억양을 최대한 흉내 내어야 합니다. 녹음 완료 후 성우와 자신의 음성 파일을 비교하며 개선할 점을 적어 보세요.

Day 52
쇼핑 따라다니는 데 지친 남자친구

Step 1
Listening

책의 지문을 보지 말고 이 챕터의 음원 파일을 2회 이상 귀 기울여 들어 보세요. 성우의 발음이 잘 들릴 때까지 반복해서 많이 들을수록 리스닝 실력이 향상됩니다.

1회☐　2회☐　3회☐　4회☐　5회☐

Step2 Reading

다음 지문을 읽고, 모르는 단어와 표현은 우측 페이지의 영어로 된 정의를 참고하세요.

Ethan	Do you know how many times you have been going up and down and around and around this mall today?
Zoe	Ethan, you know how much I love shopping. Is it really that hard for you to just be around while I'm shopping?
Ethan	I wouldn't mind it if we could **take a little coffee break** at a café or something. Following you around for 4 straight hours of shopping is a little **over the top**.
Zoe	Come on, I didn't know you were such a **whiner**.
Ethan	Oh, now you are calling me a whiner. **Enough is enough.** I'm just going sit out here in the rest area until you're done shopping.
Zoe	Okay, let's **make a deal**. How about we do just one more hour of shopping together and I will do whatever you ask me to do tonight? How does that sound to you?
Ethan	You mean anything?
Zoe	Anything that you ask me to do.
Ethan	Deal!
Zoe	Good. Now could you put a smile on your face and follow me around?
Ethan	Yes, ma'am. I'll do just that with a big smile on my face.

Key Expressions

- **take a break** to take a rest; to take a short rest period in one's work
- **over the top** too extreme; outrageous; surpassing a goal
- **whiner** a person who complains very much
- **Enough is enough.** That's enough; stop; I cannot stand it anymore; no more
- **make a deal** to compromise

Translation

Ethan: 너 오늘 이 쇼핑몰에서 몇 번을 오르락내리락 하고 이리 갔다 저리 갔다 빙빙 돌고 있는지 알기는 하니?
Zoe: 에단, 너 내가 쇼핑을 얼마나 좋아하는지 잘 알잖아. 나 쇼핑하는 데 같이 다니는 게 그렇게 힘들어?
Ethan: 카페 같은 데 가서 커피도 마시고 쉬면서 하면 괜찮겠지만 4시간 내내 너 쇼핑하는 데 계속 쫓아다니는 건 정말이지 좀 심한 것 같네.
Zoe: 왜 이래, 난 네가 이렇게 투덜거리는 사람인 줄 몰랐어.
Ethan: 뭐야, 지금 나보고 투덜이라고 한 거야? 나도 참을 만큼 참았다고. 나 저기 밖에 있는 휴게실에 앉아서 너 쇼핑 끝날 때까지 그냥 기다릴 거야.
Zoe: 좋아. 그럼 이렇게 해 보자. 우리 딱 한 시간만 더 같이 쇼핑하고 오늘 밤엔 네가 요구하는 거 내가 다 들어주는 걸로? 어때?
Ethan: 아무거나 다?
Zoe: 뭐든지 말만해.
Ethan: 좋았어!
Zoe: 그래. 그럼 이제 너 다시 웃는 얼굴로 나 따라다닐 수 있는 거지?
Ethan: 네, 여사님. 활짝 웃으면서 분부대로 하겠습니다요.

Step3 Shadowing1

지문을 보고 음원을 들으면서 성우의 발음과 억양을 흉내 내어 동시에 따라서 말해 보세요. 최소 2회 이상 반복하세요.

1회 ☐   2회 ☐   3회 ☐   4회 ☐   5회 ☐

Step4
Shadowing2

지문을 보지 않고 음원만 들으면서 성우의 발음과 억양을 흉내 내어 동시에 따라서 말해 보세요. 최소 2회 이상 반복하고, 성우의 말하는 속도에 맞출 수 있을 때까지 가능한 한 많이 연습하면 좋습니다.

1회☐　2회☐　3회☐　4회☐　5회☐

Step5
Recording

앞에 나왔던 본문 지문을 읽으며 스마트폰으로 녹음해 보세요. 성대모사를 한다고 생각하고 성우의 발음과 억양을 최대한 흉내 내어야 합니다. 녹음 완료 후 성우와 자신의 음성 파일을 비교하며 개선할 점을 적어 보세요.

Day 53

청바지 살까, 말까?

Step 1
Listening

책의 지문을 보지 말고 이 챕터의 음원 파일을 2회 이상 귀 기울여 들어 보세요. 성우의 발음이 잘 들릴 때까지 반복해서 많이 들을수록 리스닝 실력이 향상됩니다.

1회□   2회□   3회□   4회□   5회□

Step2 Reading

다음 지문을 읽고, 모르는 단어와 표현은 우측 페이지의 영어로 된 정의를 참고하세요.

Mason   You look like you are going to get sucked into the monitor. What are you looking at?

Mia   I'm thinking of getting a good pair of jeans for myself. But all the good ones are really expensive.

Mason   Let me see. Are these the ones that are good but **out of your reach**?

Mia   They are not out of my reach. I just don't know if I want to spend that much money on a pair of jeans.

Mason   I see what you are saying. The price of jeans these days is unbelievable. Especially the trendy ones, they run for like more than $200. I mean, come on, they are just jeans, not like something you wear to your wedding or anything.

Mia   Yes, vent your anger! They are just trying to **rip us off**.

Mason   And another thing is that if you get the **pricey** and stylish ones that are **in fashion**, once they go **out of fashion**, you can't wear them anymore because you don't want to look stupid or out of fashion.

Mia   Alright, so now I'm not even going to bother looking at those **insanely** expensive jeans. I'm just going to get some that fit my purpose, which means wearing them for at least a year without worrying about them falling apart.

Mason   Now you are **back to your senses**.

Key Expressions

- **out of one's reach** not near enough to be touched or reached; unattainable
- **rip someone off** to cheat someone, especially by charging them too much money for something; unreasonably overpriced; too expensive
- **pricey** expensive
- **in fashion** in trend; a style that is popular at a particular time, especially in clothes, hair, etc.
- **out of fashion** a style that is not popular anymore; not fashionable
- **insanely** crazily
- **back to one's senses** to begin thinking clearly and sensibly again; to start to understand that you have been behaving in a stupid way

Translation

Mason: 너 아주 그냥 모니터 속으로 빨려 들어갈 것 같구나. 뭘 그리 열심히 봐?
Mia: 청바지 하나 좋은 거 있으면 사려고. 근데 좋은 건 다 너무 비싸네.
Mason: 내가 좀 볼게. 맘엔 들지만 네 형편엔 너무 무리라고 얘기했던 게 이것들이니?
Mia: 무리는 아니야. 단지 청바지 하나에 이렇게 큰 돈을 써야 하나 싶어서 고민된다고 한 거지.
Mason: 무슨 말인지 알겠어. 요즘 청바지 가격이 정말 터무니없지. 특히 최신 유행하는 바지는 200달러도 넘는다니까. 아 진짜, 그냥 청바지가 왜 이리 비싸냐, 무슨 결혼식 같은 거 할 때 입는 옷도 아닌데.

Mia: 그래, 분노해라! 완전 소비자가 봉인 줄 아는 거지.
Mason: 그리고 또 말이지, 스타일도 괜찮고 유행하는 청바지를 한 번 비싼 돈 주고 샀는데 그게 유행이 지나 버리면 아예 못 입게 된다고. 좀 없어 보이고 유행에 뒤떨어진 사람처럼 보여서 말이야.
Mia: 그래, 그럼, 나 이제 그 말도 안 되게 비싼 청바지는 아예 보지도 않을게. 내 목적에 잘 부합하는 걸로 살게. 여기서 내 목적이란 최소한 일 년은 혹시라도 손상될까 봐 노심초사하는 것 없이 편하게 입을 수 있는 걸 말하는 거야.
Mason: 이제야 제정신으로 돌아오셨군.

Step3 Shadowing 1

지문을 보고 음원을 들으면서 성우의 발음과 억양을 흉내 내어 동시에 따라서 말해 보세요. 최소 2회 이상 반복하세요.

1회 ☐   2회 ☐   3회 ☐   4회 ☐   5회 ☐

Step4
Shadowing2

지문을 보지 않고 음원만 들으면서 성우의 발음과 억양을 흉내 내어 동시에 따라서 말해 보세요. 최소 2회 이상 반복하고, 성우의 말하는 속도에 맞출 수 있을 때까지 가능한 한 많이 연습하면 좋습니다.

1회☐　2회☐　3회☐　4회☐　5회☐

Step5
Recording

앞에 나왔던 본문 지문을 읽으며 스마트폰으로 녹음해 보세요. 성대모사를 한다고 생각하고 성우의 발음과 억양을 최대한 흉내 내어야 합니다. 녹음 완료 후 성우와 자신의 음성 파일을 비교하며 개선할 점을 적어 보세요.

Day 54
옷 사이즈 교환

Step 1
Listening

책의 지문을 보지 말고 이 챕터의 음원 파일을 2회 이상 귀 기울여 들어 보세요. 성우의 발음이 잘 들릴 때까지 반복해서 많이 들을수록 리스닝 실력이 향상됩니다.

1회☐   2회☐   3회☐   4회☐   5회☐

Step2 Reading

다음 지문을 읽고, 모르는 단어와 표현은 우측 페이지의 영어로 된 정의를 참고하세요.

Noah   I would like to return this.

Isabella   Was there any problem with it?

Noah   No, I tried it at home but it was too small, so I want to get another one in a different size.

Isabella   Okay, as long as the tags are not **detached** and if you have the receipt with you, there shouldn't be a problem. Do you have the receipt with you?

Noah   Yes, here's the receipt. I bought it last Friday. So, the return period isn't over yet, right?

Isabella   Yes, you can return it or **get a full refund** for 2 weeks from your purchase.

Noah   (*back from looking for a bigger size*) I cannot find a medium size. Can you help me find one?

Isabella   Oh, we don't have any more medium sizes for that one. They are all **sold out**. I'm sorry.

Noah   But I really like this style. Is there any way I can get the same one in a medium size?

Isabella   Let me see if they have it in another store that we have down on 7th street.

Noah   Oh, I really hope they do.

Isabella   (*after talking on the phone*) **Hooray!** They have one last one in that size. We'll have it sent over here by tomorrow morning.

Key Expressions

- **detach** to separate something from something larger
- **get a full refund** to receive one's money back in full when returning something previously purchased
- **sold out** none left; having all tickets or accommodations or products completely sold, especially ahead of time
- **Hooray!** used to express excitement, pleasure, or approval

Translation

Noah: 이거 교환하려고 하는데요.
Isabella: 물건에 무슨 문제가 있으셨나요?
Noah: 아니요, 집에서 입어 봤는데 너무 작더라고요. 그래서 다른 사이즈로 입어 보려고요.
Isabella: 네, 가격표 그대로 붙어 있고 영수증 있으시면 문제될 건 없어요. 영수증 가져오셨나요?
Noah: 네, 여기요. 지난주 금요일에 샀거든요. 교환 기간이 끝난 건 아니죠, 그죠?
Isabella: 네, 구입하신 날로부터 2주 동안은 언제든지 교환과 전액 환불 가능합니다.
Noah: (더 큰 사이즈를 찾다가 돌아와서) 미디엄 사이즈는 못 찾겠네요. 찾는 것 좀 도와주시겠어요?

Isabella: 아, 그 옷은 미디엄 사이즈가 없어요. 다 팔렸거든요. 죄송해요.
Noah: 하지만 전 이 스타일이 정말 마음에 드는데요. 혹시 이 옷을 미디엄 사이즈로 구할 수 있는 방법이 없을까요?
Isabella: 혹시 7번가에 있는 다른 매장에 그 옷이 있는지 알아볼게요.
Noah: 오, 꼭 있으면 좋겠네요.
Isabella: (전화 통화 후) 야호! 고객님께서 찾으시는 사이즈로 마지막 한 벌 남은 게 있대요. 내일 아침에 저희 가게로 가져다 놓을게요.

Step3 Shadowing1

지문을 보고 음원을 들으면서 성우의 발음과 억양을 흉내 내어 동시에 따라서 말해 보세요. 최소 2회 이상 반복하세요.

1회☐   2회☐   3회☐   4회☐   5회☐

Step4
Shadowing2

지문을 보지 않고 음원만 들으면서 성우의 발음과 억양을 흉내 내어 동시에 따라서 말해 보세요. 최소 2회 이상 반복하고, 성우의 말하는 속도에 맞출 수 있을 때까지 가능한 한 많이 연습하면 좋습니다.

1회☐　2회☐　3회☐　4회☐　5회☐

Step5
Recording

앞에 나왔던 본문 지문을 읽으며 스마트폰으로 녹음해 보세요. 성대모사를 한다고 생각하고 성우의 발음과 억양을 최대한 흉내 내어야 합니다. 녹음 완료 후 성우와 자신의 음성 파일을 비교하며 개선할 점을 적어 보세요.

Day 55
전자제품 매장에서

Step 1
Listening

책의 지문을 보지 말고 이 챕터의 음원 파일을 2회 이상 귀 기울여 들어 보세요. 성우의 발음이 잘 들릴 때까지 반복해서 많이 들을수록 리스닝 실력이 향상됩니다.

1회☐　2회☐　3회☐　4회☐　5회☐

Step2 Reading

다음 지문을 읽고, 모르는 단어와 표현은 우측 페이지의 영어로 된 정의를 참고하세요.

Ava   Welcome to Best Buy. Is there anything I can help you with?

Lucas   I was wondering if you have a stereo with an FM radio, alarm clock and Bluetooth.

Ava   We have one product that matches exactly what you just described. This stereo is called 'Bluetooth Stereo FM Clock Radio'.

Lucas   But isn't that just a radio, though? I'm looking for a stereo that I can use to listen to mp3 files as well.

Ava   You can play mp3 files on this. And one of the best features of this stereo is that you can **plug in** a USB flash drive or even your smart phone and enjoy listening to music from those devices.

Lucas   Awesome! Can I check out the sound quality and how loud it can go?

Ava   Sure. Could you follow me to the display area? I'll show you how good it is.

        (*playing the radio*) How do you like the sound?

Lucas   Pretty impressive. I don't think I need to listen to it anymore. I'm going to get it.

Ava   And **just so you know**, if you purchase the one on display, you get Thirty percent off the tag price.

Lucas   Thirty percent? Wow, that's huge. All right, I'll take it.

Ava   **Good call**. Now, let me put it in the box and **ring it up** for you.

Key Expressions

- **plug in** to put the plug in the socket
- **just so you know** just in case you don't know; for your information
- **Good call.** Good decision.
- **ring up** to record or register the money that has been paid by a customer, usually in a cash register

Translation

Ava: '베스트 바이'에 오신 걸 환영합니다. 제가 도와드릴 게 있을까요?
Lucas: 혹시 FM 라디오에 알람 기능 있고, 블루투스도 되는 오디오 있나요?
Ava: 고객님께서 방금 말씀하신 바로 그런 제품이 마침 있답니다. 이 오디오의 이름은 '블루투스 스테레오 FM 시계 라디오'예요.
Lucas: 근데 그건 그냥 라디오만 되는 거 아닌가요? 전 mp3 파일도 들을 수 있는 오디오를 찾고 있거든요.
Ava: 이걸로 mp3 파일을 들을 수 있답니다. 그리고 이 오디오의 가장 좋은 점 중 하나는 USB를 꽂을 수도 있고 스마트폰까지도 꽂을 수 있는 접속 단자가 있어서 그걸 통해서 음악을 들을 수가 있어요.
Lucas: 좋네요! 음질하고 최고 음량이 얼마나 되는지 확인 좀 해 봐도 될까요?
Ava: 당연하죠. 디스플레이 구역으로 저를 따라오시겠어요? 이 제품이 얼마나 좋은지 제가 보여 드릴게요. (라디오를 켜며) 음질 어떠세요?
Lucas: 정말 괜찮은데요. 더 이상 안 들어 봐도 되겠네요. 이걸로 살게요.
Ava: 그리고 혹시나 해서 드리는 말씀인데요, 디스플레이 했던 제품을 사시면 정가에서 30% 할인된 가격으로 살 수도 있습니다.
Lucas: 30%요? 우와, 엄청난데요. 좋아요, 그걸로 주세요.
Ava: 잘 선택하셨어요. 자, 그럼 제가 상자에 넣어서 계산해 드리겠습니다.

Step3 Shadowing1

지문을 보고 음원을 들으면서 성우의 발음과 억양을 흉내 내어 동시에 따라서 말해 보세요. 최소 2회 이상 반복하세요.

1회☐   2회☐   3회☐   4회☐   5회☐

Step4
Shadowing2

지문을 보지 않고 음원만 들으면서 성우의 발음과 억양을 흉내 내어 동시에 따라서 말해 보세요. 최소 2회 이상 반복하고, 성우의 말하는 속도에 맞출 수 있을 때까지 가능한 한 많이 연습하면 좋습니다.

1회☐   2회☐   3회☐   4회☐   5회☐

Step5
Recording

앞에 나왔던 본문 지문을 읽으며 스마트폰으로 녹음해 보세요. 성대모사를 한다고 생각하고 성우의 발음과 억양을 최대한 흉내 내어야 합니다. 녹음 완료 후 성우와 자신의 음성 파일을 비교하며 개선할 점을 적어 보세요.

Day 56
물건 값 흥정하기

Step 1
Listening

책의 지문을 보지 말고 이 챕터의 음원 파일을 2회 이상 귀 기울여 들어 보세요. 성우의 발음이 잘 들릴 때까지 반복해서 많이 들을수록 리스닝 실력이 향상됩니다.

1회☐ 2회☐ 3회☐ 4회☐ 5회☐

Step2 Reading

다음 지문을 읽고, 모르는 단어와 표현은 우측 페이지의 영어로 된 정의를 참고하세요.

Olivia   How much are these necklaces?

Liam   They **run for** $10 each.

Olivia   What if I get more than one? Do I get a discount?

Liam   How many are you thinking of getting?

Olivia   Probably about three or four. Depends on how low you can go with the price.

Liam   Okay, I can give you four for $35. But no lower than that.

Olivia   All I can afford right now is $32. Can you do $32?

Liam   No, I don't think that's possible. I'm trying to **make a living** here.

Olivia   Come on, I know you can do it. Please!

Liam   God, you **drive a hard bargain**. How about you give me $27, and I can give you three for $27.

Olivia $27 for three? That's hardly even a discount. How about you give me three and I'll pay you $25.

Liam   Okay, look. $26 for three. **Take it or leave it.**

Olivia   You know what, I'm just going to get one for $9. Can you give me one for $9?

Liam   Okay, you win. Give me $25, I'll give you three of them.

Olivia   **Now you are talking!**

Key Expressions

- **run for** to sell for
- **make a living** to earn enough money to support oneself and, if applicable, one's family
- **drive a hard bargain** an expression that is used when someone tries to buy or sell something meaning that you work hard to negotiate prices in your own favor
- **Take it or leave it.** an expression meaning "If you don't want to buy it, then just go away."
- **Now you are talking!** an expression of positive reaction used when someone makes a suggestion or offer than is better than one that they have already made

Translation

Olivia: 이 목걸이들 얼마씩 해요?
Liam: 하나에 10달러씩이에요.
Olivia: 하나 이상 사면요? 깎아 주나요?
Liam: 몇 개 사려고 하시는데요?
Olivia: 한 3개나 4개요. 가격을 얼마나 깎아 주느냐에 달려 있죠.
Liam: 그래요, 35달러에 4개 드릴게요. 하지만 그 이상은 안 돼요.
Olivia: 지금 가진 돈이 32달러밖에 없어요. 32달러에 주실 수 있나요?
Liam: 안 돼요, 그건 힘들 것 같네요. 저도 먹고 살아야죠.
Olivia: 왜 이러세요, 그렇게 주실 수 있잖아요. 제발요~!

Liam: 오 이런, 흥정을 아주 잘하시네요. 그럼 27달러만 주세요, 제가 3개 드릴게요.
Olivia: 3개에 27달러라고요? 그럼, 뭐 깎아 주는 것도 거의 없네요. 25달러에 3개 주시는 건 어떨까요?
Liam: 좋아요, 26달러에 3개 드릴게요. 싫으면 됐고요.
Olivia: 저 있잖아요, 그럼 그냥 9달러에 1개 살게요. 9달러에 1개 주실 수 있으시죠?
Liam: 알았어요, 당신이 이겼어요. 25달러 주세요, 3개 드릴 테니.
Olivia: 이제야 말이 통하시는군요!

Step3 Shadowing 1

지문을 보고 음원을 들으면서 성우의 발음과 억양을 흉내 내어 동시에 따라서 말해 보세요. 최소 2회 이상 반복하세요.

1회 ☐   2회 ☐   3회 ☐   4회 ☐   5회 ☐

Step4
Shadowing2

지문을 보지 않고 음원만 들으면서 성우의 발음과 억양을 흉내 내어 동시에 따라서 말해 보세요. 최소 2회 이상 반복하고, 성우의 말하는 속도에 맞출 수 있을 때까지 가능한 한 많이 연습하면 좋습니다.

1회☐   2회☐   3회☐   4회☐   5회☐

Step5
Recording

앞에 나왔던 본문 지문을 읽으며 스마트폰으로 녹음해 보세요. 성대모사를 한다고 생각하고 성우의 발음과 억양을 최대한 흉내 내어야 합니다. 녹음 완료 후 성우와 자신의 음성 파일을 비교하며 개선할 점을 적어 보세요.

Day 57

여행 기념품 구매하기

Step 1
Listening

책의 지문을 보지 말고 이 챕터의 음원 파일을 2회 이상 귀 기울여 들어 보세요. 성우의 발음이 잘 들릴 때까지 반복해서 많이 들을수록 리스닝 실력이 향상됩니다.

1회 ☐   2회 ☐   3회 ☐   4회 ☐   5회 ☐

Step2 Reading

다음 지문을 읽고, 모르는 단어와 표현은 우측 페이지의 영어로 된 정의를 참고하세요.

Emma   Excuse me, Mister. I think I need some help over here.

Aiden   Oh, sure. Ask me anything; I'll try to help you out the best I can.

Emma   I was looking for some **souvenirs** and gifts to bring home to my parents and friends. Could you recommend something for me?

Aiden   All right, I think I can help you with that. These nutritional supplement bottles would be excellent for your parents. They **sell like hotcakes**. Middle-aged people love those. In fact, I got them for my parents this Christmas. They loved them.

Emma   That sounds like a good idea. Why didn't I think of that? Thanks a lot.

Aiden   And as for your friends, how about getting these snow globes or T-shirts or hoodies with logos?

Emma   That doesn't sound too bad, either. But what about these key chains?

Aiden   Key chains used to be really popular as souvenirs back in the 80s and 90s, but not anymore. You know, not many people carry around those metal keys these days.

Emma   You are absolutely right. **Come to think of it,** I don't have any metal keys myself. I think I'll just go with the T-shirts. **The more I think about it,** I think my friends would like them more.

Key Expressions

- **souvenir** an object that makes you remember a certain place, occasion, or person
- **sell like hotcakes** to sell very quickly and in large quantities
- **come to think of it** I just remembered; an expression you use when you have just thought of something
- **the more I think about it** as I think about it more and more

Translation

Emma: 실례지만, 저기요. 저 좀 도와주시겠어요?
Aiden: 네, 그러죠. 뭐든지 물어보세요. 최선을 다해 도와 드리겠습니다.
Emma: 부모님과 친구들에게 줄 만한 기념품과 선물을 찾는 중인데요. 추천해 주실 만한 게 있을까요?
Aiden: 네, 제가 도와 드릴게요. 부모님 선물로는 여기 있는 건강보조식품이 정말 좋을 거예요. 날개 돋힌 듯 팔리는 물건이에요. 중년 어른들께서 아주 좋아하세요. 사실은 저도 이번 크리스마스에 부모님께 이걸 선물했거든요, 정말 좋아하시더라고요.
Emma: 그거 참 괜찮을 것 같네요. 전 왜 그 생각을 못 했을까요? 감사해요.
Aiden: 그리고 친구들 선물로는, 여기 스노 글로브나 로고가 있는 티셔츠나 후드티 어때요?
Emma: 그것도 나쁘지 않을 것 같긴 한데 열쇠고리는 어떨까요?
Aiden: 열쇠고리는 80년대나 90년대에 유행하던 기념품이지 요즘엔 안 그래요. 예전처럼 금속으로 만든 열쇠를 가지고 다니는 사람이 요즘에 얼마나 있나요?
Emma: 당신 말이 맞아요. 생각해 보니, 저도 금속 열쇠를 하나도 안 써요. 그럼 그냥 아까 말씀하신 티셔츠로 할게요. 생각해 보니까 친구들이 티셔츠를 더 좋아할 것 같아요.

Step3 Shadowing 1

지문을 보고 음원을 들으면서 성우의 발음과 억양을 흉내 내어 동시에 따라서 말해 보세요. 최소 2회 이상 반복하세요.

1회 ☐   2회 ☐   3회 ☐   4회 ☐   5회 ☐

Step4
Shadowing2

지문을 보지 않고 음원만 들으면서 성우의 발음과 억양을 흉내 내어 동시에 따라서 말해 보세요. 최소 2회 이상 반복하고, 성우의 말하는 속도에 맞출 수 있을 때까지 가능한 한 많이 연습하면 좋습니다.

1회☐   2회☐   3회☐   4회☐   5회☐

Step5
Recording

앞에 나왔던 본문 지문을 읽으며 스마트폰으로 녹음해 보세요. 성대모사를 한다고 생각하고 성우의 발음과 억양을 최대한 흉내 내어야 합니다. 녹음 완료 후 성우와 자신의 음성 파일을 비교하며 개선할 점을 적어 보세요.

Day 58

맛집 추천 받기

Step 1
Listening

책의 지문을 보지 말고 이 챕터의 음원 파일을 2회 이상 귀 기울여 들어 보세요. 성우의 발음이 잘 들릴 때까지 반복해서 많이 들을수록 리스닝 실력이 향상됩니다.

1회☐　2회☐　3회☐　4회☐　5회☐

Step2 Reading

다음 지문을 읽고, 모르는 단어와 표현은 우측 페이지의 영어로 된 정의를 참고하세요.

Cameron　Are you familiar with the area around this town?

Natalie　I guess so since I've lived here all my life.

Cameron　Great. Then could you recommend any good restaurants around here?

Natalie　There is a really good Italian restaurant on 5th street. They make the best ravioli ever. Or if you are **more of a pizza person**, then there's one awesome pizza place down on New Orleans Avenue.

Cameron　How did you know? I'm like a **pizzaholic**.

Natalie　Are you really? I love pizza, too. By the way, what price range are you thinking? There's another pizza place that all pizza lovers **would kill for**, but the pizzas there are really expensive.

Cameron　How expensive?

Natalie　You should expect to spend about $100 per person.

Cameron　Wow! What kind of pizza do they make? Do they make their pizza out of gold or something?

Natalie　I know it sounds crazy, but once you taste their pizza, you will never ever want to have pizza anywhere else.

Cameron　It's that good?

Natalie　**You'll have to taste it to believe it.**

Cameron　I'm so going to that place for dinner tonight.

Key Expressions

- **more of a pizza person** a person who likes pizza more than something else
- **pizzaholic** a person who likes pizza so much you could say the person is addicted to it
- **would kill for** an exaggerated expression meaning you like something so much that you would almost kill something or someone to get it
- **You'll have to taste it to believe it.** If you taste it, you will believe what I'm saying.

Translation

Cameron: 이 동네 잘 아세요?
Natalie: 아마 그렇겠죠. 평생 이곳에서만 살았으니까요.
Cameron: 잘됐네요. 그럼 이 동네에서 갈 만한 식당 좀 추천해 주시겠어요?
Natalie: 5번가에 정말 괜찮은 이탈리아 레스토랑이 하나 있어요. 거기 라비올리가 아주 끝내주죠. 아니면 혹시 피자 좋아하시면, 뉴올리언즈가로 내려가시면 굉장히 잘하는 피자 가게가 있답니다.
Cameron: 어떻게 아셨어요? 저 피자라면 환장하는 사람이에요.
Natalie: 정말요? 저도 피자 진짜 좋아해요. 그런데, 가격대는 어느 정도 생각하시는 거예요? 피자를 좋아하는 사람이라면 사족을 못 쓸 만한 가게가 하나 있거든요. 근데 가격이 정말 비싸서요.
Cameron: 얼마나 비싼데요?
Natalie: 한 사람당 100달러 정도는 쓴다고 생각해야 될걸요.
Cameron: 우와! 도대체 어떤 피자길래 그렇게 비싸죠? 무슨 피자를 금으로 만들었나요?
Natalie: 말도 안 되게 비싸긴 한데, 일단 한번 그 집 피자 맛을 보시면 그다음부터는 다른 데서는 피자 못 드실 거예요.
Cameron: 그렇게나 맛있어요?
Natalie: 드셔 보면 믿으실 거예요.
Cameron: 오늘 밤에 무조건 그곳으로 저녁 먹으러 가야겠네요.

Step3 Shadowing1

지문을 보고 음원을 들으면서 성우의 발음과 억양을 흉내 내어 동시에 따라서 말해 보세요. 최소 2회 이상 반복하세요.

1회☐   2회☐   3회☐   4회☐   5회☐

Step4
Shadowing2

지문을 보지 않고 음원만 들으면서 성우의 발음과 억양을 흉내 내어 동시에 따라서 말해 보세요. 최소 2회 이상 반복하고, 성우의 말하는 속도에 맞출 수 있을 때까지 가능한 한 많이 연습하면 좋습니다.

1회☐　2회☐　3회☐　4회☐　5회☐

Step5
Recording

앞에 나왔던 본문 지문을 읽으며 스마트폰으로 녹음해 보세요. 성대모사를 한다고 생각하고 성우의 발음과 억양을 최대한 흉내 내어야 합니다. 녹음 완료 후 성우와 자신의 음성 파일을 비교하며 개선할 점을 적어 보세요.

Day 59

점심 뭐 먹을까?

Step 1
Listening

책의 지문을 보지 말고 이 챕터의 음원 파일을 2회 이상 귀 기울여 들어 보세요. 성우의 발음이 잘 들릴 때까지 반복해서 많이 들을수록 리스닝 실력이 향상됩니다.

1회☐   2회☐   3회☐   4회☐   5회☐

Step2 Reading

다음 지문을 읽고, 모르는 단어와 표현은 우측 페이지의 영어로 된 정의를 참고하세요.

Jack   I'm starving. Let's go **grab a bite**. Do you know any good places to eat around here?

Charlotte   There's one really popular hamburger place on Jefferson Boulevard. But the problem is that the place is always **packed**. I'm afraid we might have to wait in line for some time.

Jack   Hey, it's 3 in the afternoon. I mean, who eats at 3? Let's just hope the place is open.

(*at the restaurant*)

Jack   Oh, my God. What's going on here? I've never seen so many people **lined up** to get into a restaurant.

Charlotte   Told you. What should we do now? Should we go find some other place?

Jack   I'll go ask them how long we are going to have to wait to get in.

Charlotte   I don't think that's necessary. **From the looks of it**, it's going to take at least an hour.

Jack   You never know. (*Jack comes back from the restaurant*) There were more than 50 people on the waiting list and they said it's going to be at least a 2-hour-wait.

Charlotte   Told you.

Jack   You know what I did, though? I put my name on the waiting list. I don't care how hungry I am, now I just want to find out how good the hamburger is.

Key Expressions

- **grab a bite** to get something to eat; to get food quickly
- **packed** very crowded
- **line up** to get into a line; to form a line
- **from the looks of it** judging by the information I have now; it seems; it appears

Translation

Jack: 배고파 죽겠다. 뭐 좀 먹으러 가자. 이 근처에 식사할 만한 괜찮은 곳 알아?
Charlotte: 제퍼슨가에 유명한 햄버거 집이 하나 있어. 근데 문제는 거긴 항상 붐벼. 가서 줄 서서 기다려야 될까 봐 걱정이네.
Jack: 야, 오후 3시야. 3시에 누가 밥을 먹니? 이 시간에 문이나 열었으면 좋겠다.
(식당에서)
Jack: 맙소사. 여기 뭐냐? 식당에 들어가려고 이렇게 많은 사람이 길게 줄 서 있는 건 처음 봐.
Charlotte: 내가 말했잖아. 우리 이제 어쩌지? 다른 데 갈까?

Jack: 내가 가서 들어가려면 얼마나 기다려야 되는지 물어보고 올게.
Charlotte: 그럴 필요 없을 것 같은데. 딱 봐도 1시간은 족히 기다려야 될 분위기네.
Jack: 그건 모르는 거야. (잭이 식당에서 돌아오며) 대기자 명단에 50명이나 있는데 적어도 2시간은 기다려야 될 거래.
Charlotte: 그것 봐.
Jack: 근데 내가 어떻게 한 줄 알아? 대기자 명단에 내 이름을 써 넣었지. 이제 배고픈 것 따윈 상관없어. 도대체 얼마나 맛있는 햄버거를 만드는지 내가 꼭 알아내야겠어.

Step3 Shadowing1

지문을 보고 음원을 들으면서 성우의 발음과 억양을 흉내 내어 동시에 따라서 말해 보세요. 최소 2회 이상 반복하세요.

1회☐   2회☐   3회☐   4회☐   5회☐

Step4
Shadowing2

지문을 보지 않고 음원만 들으면서 성우의 발음과 억양을 흉내 내어 동시에 따라서 말해 보세요. 최소 2회 이상 반복하고, 성우의 말하는 속도에 맞출 수 있을 때까지 가능한 한 많이 연습하면 좋습니다.

1회☐　2회☐　3회☐　4회☐　5회☐

Step5
Recording

앞에 나왔던 본문 지문을 읽으며 스마트폰으로 녹음해 보세요. 성대모사를 한다고 생각하고 성우의 발음과 억양을 최대한 흉내 내어야 합니다. 녹음 완료 후 성우와 자신의 음성 파일을 비교하며 개선할 점을 적어 보세요.

Day 60
펍에서 주문하기

Step 1
Listening

책의 지문을 보지 말고 이 챕터의 음원 파일을 2회 이상 귀 기울여 들어 보세요. 성우의 발음이 잘 들릴 때까지 반복해서 많이 들을수록 리스닝 실력이 향상됩니다.

1회 ☐   2회 ☐   3회 ☐   4회 ☐   5회 ☐

Step2 Reading

다음 지문을 읽고, 모르는 단어와 표현은 우측 페이지의 영어로 된 정의를 참고하세요.

Waitress   Are you guys ready to place an order?

Logan   This is our first time here. It would be nice if you could make some recommendations for us.

Waitress   What do you feel like today? Are you **up for some beer**?

Logan   **Right on!** We would like to get some good beer and something to **munch on**.

Waitress   We have a vast selection of beers from all over the world. And we **brew** our own beer here as well. Would you like to try one of our house beers?

Logan   Sounds awesome. What kind of house beers do you have?

Waitress   I usually recommend the Beer Sampler, which is an order where you can try our four best-selling house beers. They come in 5 oz glasses. You can try them all at once and once you find the one that suits your taste, you know what to order next.

Logan   Wow! That sounds like a perfect choice. We'll have that as a **starter**.

Waitress   And as for the food, we are known for making the best onion rings in town. Would you like some onion rings?

Logan   **Yummy.** We'll **go with** that.

Key Expressions

- **up for something** to want to do something; mentally ready for something
- **Right on!** used as an exclamation of encouragement, support, or enthusiastic agreement
- **munch on** to chew or eat, especially as a snack
- **brew** to make beer, ale, etc. from malt and other ingredients by steeping, boiling, and fermentation
- **starter** the first course of a meal
- **Yummy.** delicious; an exclamation indicating pleasure, as in expectation of delicious food; extremely pleasing to the sense of taste
- **go with** to select or choose

Translation

Waitress: 주문하시겠어요?
Logan: 여기 처음 와서 그러는데요. 뭐가 맛있는지 추천 좀 해 주세요.
Waitress: 어떤 게 당기시는데요? 맥주가 당기시나요?
Logan: 딱 맞히셨네요! 맥주랑 안주로 좀 가볍게 먹을 만한 걸 원해요.
Waitress: 저희 가게에는 전 세계에서 수입해 온 다양한 맥주들이 있어요. 저희가 직접 맥주를 만들기까지 해요. 저희 가게에서 직접 만든 하우스 맥주 한번 드셔 보시겠어요?
Logan: 와 멋지네요. 하우스 맥주는 어떤 게 있나요?

Waitress: 저는 주로 비어 샘플러를 추천해요. 비어 샘플러는 저희 가게에서 가장 잘나가는 하우스 맥주 네 가지를 한 번에 드실 수 있도록 샘플용 5온스 잔에 담아서 파는 세트 이름이에요. 한꺼번에 네 가지를 다 마실 수 있으니까 그중에서 입맛에 가장 맞는 걸 골라서 그걸 더 주문하면 되죠.
Logan: 우와! 그걸로 하면 딱이겠네요. 그럼 일단 그것부터 주세요.
Waitress: 그리고 음식은 말이죠, 저희 가게는 어니언링이 최고라고 동네에 소문이 났답니다. 어니언링 어떠세요?
Logan: 군침 도는데요. 그걸로 할게요.

Step3 Shadowing1

지문을 보고 음원을 들으면서 성우의 발음과 억양을 흉내 내어 동시에 따라서 말해 보세요. 최소 2회 이상 반복하세요.

1회☐　2회☐　3회☐　4회☐　5회☐

Step4
Shadowing2

지문을 보지 않고 음원만 들으면서 성우의 발음과 억양을 흉내 내어 동시에 따라서 말해 보세요. 최소 2회 이상 반복하고, 성우의 말하는 속도에 맞출 수 있을 때까지 가능한 한 많이 연습하면 좋습니다.

1회☐   2회☐   3회☐   4회☐   5회☐

Step5
Recording

앞에 나왔던 본문 지문을 읽으며 스마트폰으로 녹음해 보세요. 성대모사를 한다고 생각하고 성우의 발음과 억양을 최대한 흉내 내어야 합니다. 녹음 완료 후 성우와 자신의 음성 파일을 비교하며 개선할 점을 적어 보세요.

Dictation

음원을 잘 듣고, 받아 적어 보세요.

1. _____

2. _____

3. _____

4. _____

5. _____

6. _____

7. _____

8. _____

9. _____

10. _____

★ Answers

1. You are good with computers, right? **2.** It's just impossible to get my message across to you. **3.** Come on, I didn't know you were such a whiner. **4.** Now you are back to your senses. **5.** Do you have the receipt with you? **6.** Is there anything I can help you with? **7.** Take it or leave it. **8.** Could you recommend something for me? **9.** Are you familiar with the area around this town? **10.** I'm starving. Let's go grab a bite.

수고하셨습니다. 지금까지 60개의 챕터를 섀도잉과 리코딩까지 단계별로 모두 마친 분들은 분명히 예전보다 영어 실력이 한 단계 더 발전했으리라 확신합니다. 초기에 녹음한 파일과 마지막에 녹음한 파일을 비교해 보면 확실한 차이를 느낄 수 있을 거예요.^^

60일 만에 입이 트이는
기적의
영어
섀도잉

초판 1쇄 인쇄	2016년 01월 15일
초판 5쇄 발행	2021년 09월 20일

지은이	라이언 강
발행인	홍성은
발행처	바이링구얼
교정·교열	임나윤
디자인	이초희
출판등록	2011년 01월 12일
주 소	서울 마포구 월드컵북로5나길 18, 217호
전 화	(02) 6015-8835
팩 스	(02) 6455-8835
메 일	nick0413@gmail.com
ISBN	979-11-85980-11-9 13740

• 잘못된 책은 구입한 서점에서 바꿔 드립니다.